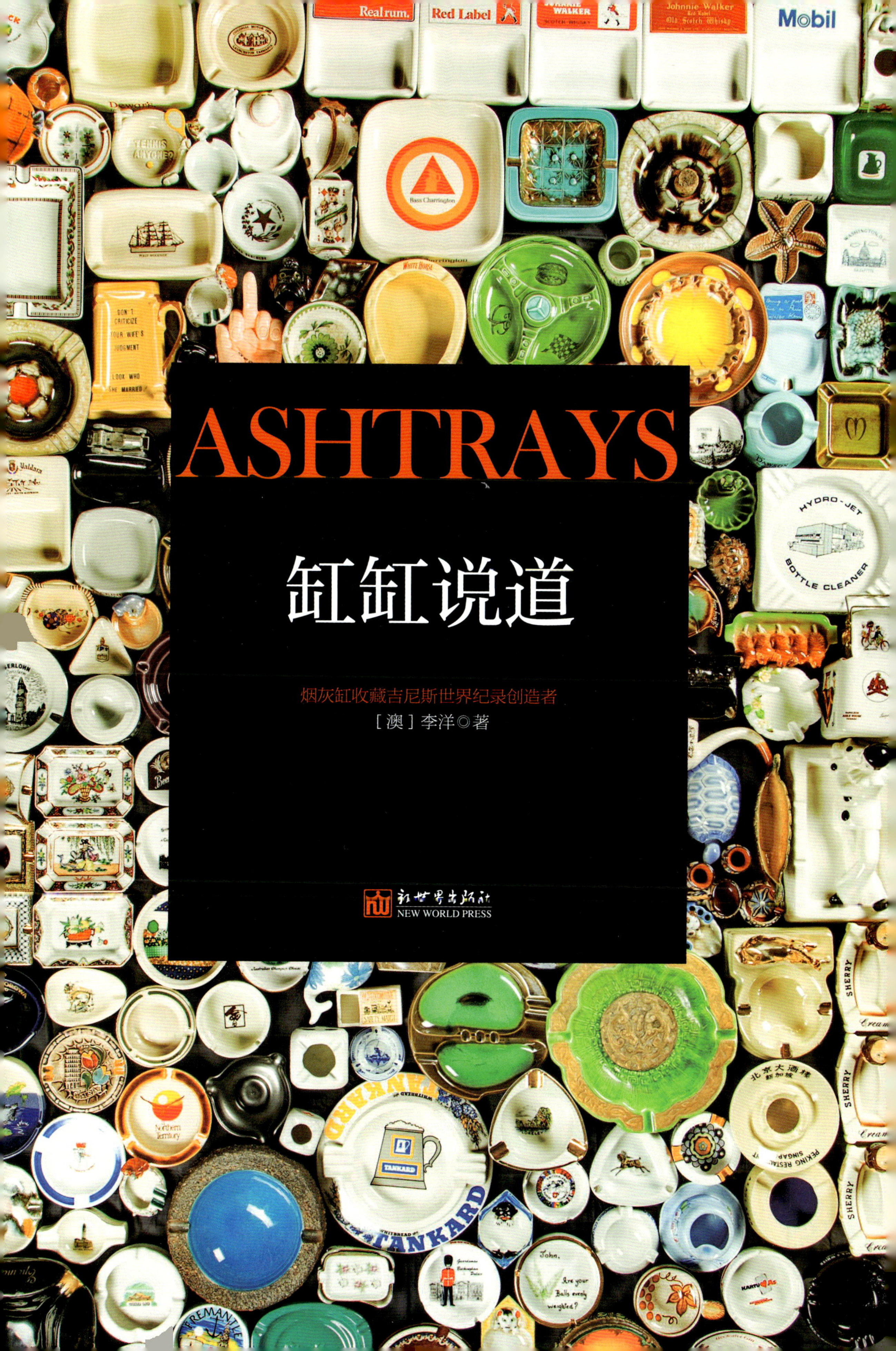
ASHTRAYS
缸缸说道
烟灰缸收藏吉尼斯世界纪录创造者
［澳］李洋◎著
新世界出版社
NEW WORLD PRESS

图书在版编目（CIP）数据

缸缸说道 /（澳）李洋著 . -- 北京：新世界出版社，2017.1
ISBN 978-7-5104-6081-4

Ⅰ . ①缸… Ⅱ . ①李… Ⅲ . ①个人 - 修养 - 通俗读物 Ⅳ . ① B825-49

中国版本图书馆 CIP 数据核字 (2016) 第 293519 号

缸缸说道

作　　者：（澳）李洋
责任编辑：秦彦杰
责任校对：宣 慧
责任印制：李一鸣 王宝根
装帧设计：贺玉婷
出版发行：新世界出版社
社　址：北京西城区百万庄大街 24 号 (100037)
发行部：(010)6899 5968　(010)6899 8705（传真）
总编室：(010)6899 5424　(010)6832 6679（传真）
http://www.nwp.cn
http://www.nwp.com.cn
版权部：+8610 6899 6306
版权部电子信箱：nwpcd@sina.com
印 刷：小森印刷（北京）有限公司
经 销：新华书店
开 本：787mm × 1092mm　1/16
字 数：200 千字　印张：18.25
版 次：2017 年 1 月第 1 版　2017 年 1 月第 1 次印刷
书 号：ISBN 978-7-5104-6081-4
定 价：89.00 元

鸣　谢

本书从构思、创作直至出版，有赖于诸位好友亲朋的鼎力相助，由衷地感谢：

葛优、白明、赵惠民、董林、耿华、刘辉、逄小威、白雪原、颜廷忠、陈健良、彭磊坚、张树宏、刘新伟、秦潞山、刘训诚、孙浩良、王泰琪、周镇岚、孙莉、才卓、王朝晖、王宁、李凯、胡培红、李淼。

收藏界正在上演一出戏，有大腕儿也有配角，各式各样，搭配得有声有色。导演的功力无人可以替代，其良苦用心更是让人深深叹服。烟飞灰留，带走了多少奇思与妙想，储存了无数溺爱与渴望。太多的故事，满满的，装不下这些沉睡的窝里。导演，李洋；角儿们，烟灰缸数千之众，所以故事叫《缸缸说道》。无论干什么，用心都能成为经典。

B&ORR

XXXX
SUZE
HINE
BORZOI
VODKA

為李洋君新作
『缸〃説道』拙笔
片儿白

李洋者，余之发小也，乳名“小五”（因其兄弟排行）。自幼玩耍嬉戏于国家民委大院数十载，皆呼之“小五”，不称其大号。偶日，小五从澳洲归，方称李洋，已从玩伴成伟岸美男子，余仰目而视之，嘻呼，吾有此帅哥发小也。片儿白一生从事收藏，以“文明碎片”（古代瓷片）为宝，不想李洋君虽身在海外，亦属“藏家”，以收藏世界各国各地烟灰缸为“宝”。李君已无吸烟之好，然对异域文化用心颇深，收藏亦丰，洋洋数千余款，今编撰成册，名曰《缸缸说道》。余拜读之，甚有情趣，故片儿白为李洋君大作赠言，非举吸烟之好，而为传递异域文化风情，此不失为好书一本。噫乎，李君之《缸缸说道》者，片儿白刚刚说道，欲知其详，望君细细读来，自有其乐也。

片儿白（白明）

李洋，1959 年 5 月在北京出生的山东人，旅澳华裔影视剧演员、编导、制片人。
ozliyang@outlook.com

人物摄影：逄小威

我曾经突发奇想，将我收藏的不同鸟儿的烟灰缸摆放在一起，大大小小近百只。那天，我专注地看着它们，忽然产生一种幻觉，所有鸟儿在一瞬间变成了生灵，腾空而起，冲向蓝天。我甚至隐约听到它们的叫声，此起彼伏、叽叽喳喳——小燕低空飞舞，雄鹰展翅翱翔，各有各的韵味，各有各的风采。在那一瞬间，我更加坚信我爱鸟，更爱大自然。或许，这是为什么，我收藏了太多太多的鸟儿造型的烟灰缸。

北京橡胶工业研究设计院

本院产品
工程胎:20.5—25.
23.5—25.24—25.
子午胎:650R16.900R20
尼龙胎: 900—20
各种橡胶制品

自 序

我的所爱，我的疯狂

我收藏烟灰缸始于 20 世纪 80 年代末期。

近三十年来，无论去过多少个国家，无论生活发生哪些变故，我始终没有放弃对烟灰缸的收藏。烟灰缸是我的所爱，我为烟灰缸而疯狂。

像大多数烟民那样，我早先买的烟灰缸，仅仅为了弹烟灰和放烟蒂，如果没记错，我的“收藏处女作”是一只带有广告色彩的烟灰缸。那个时候，我作为广告公司的编导为一个设计院拍摄专题片，因为我抽烟，院领导送给我一只崭新的烟灰缸。它的造型颇为别致，中心是带有烟托的烟灰池，外围是微型轮胎，散发着浓浓的橡胶味。它实在太新，我舍不得用，就放在组合柜里当装饰品。有一天，女友小蓓跟我说，很多人都在收藏邮票和钱币，咱们可以收藏烟灰缸呀。从那天开始到 90 年代初期我们去欧洲之前，已经有了几十个烟灰缸，可谓初具规模。

我的发小——收藏界的重量级人物片儿白（白明）曾经跟我说，所谓收藏，无非围绕着“收、藏、鉴、赏”四个字，把这四个字琢磨透了，你的收藏就能逐渐形成气候。我赞同他的观点，看似简单的程序，却是收藏的真谛。

在收藏界，烟灰缸被称为“杂项”或“偏门”藏品，远不如古陶瓷、老家具和名人字画那样“热门”，可恰恰如此，烟灰缸的收藏才有无穷的潜质。收藏烟灰缸，不像收藏古代名窑的花瓶或大画家的墨迹，要花费几年、几十年甚至几代人的心血去“淘宝”，暂且不说花多少钱，“打眼”的事情却屡见不鲜。从这个角度讲，烟灰缸的收藏风险几乎是零，而它们的升值效益却在不知不觉中体现出来。

随着全世界的收藏热潮此起彼伏，随着全人类“吸烟有害健康”的呼声日益高涨，相信有一天，烟灰缸收藏者的队伍会声势浩大、遍布全球，到了那个时候，烟灰缸存在的最大价值或许就是收藏。

没有人可以断定世界上第一个真正意义上的烟灰缸是哪一个，也没有人可以确定最古老的烟灰缸是哪一年诞生的。有一点可以肯定，烟灰缸与水烟袋、鼻烟壶、香烟和火柴相比，其历史并不悠久，硬要说个时间，大约面世于 1880 年，至今不过一百三十多年的历史。那个时期，正是美国人嗜烟如命的年代，纸烟问世后，烟灰烟蒂随地乱弹乱扔有碍卫生，出于清洁的考虑，人们开始在房间的角落摆放烟灰缸。说是烟灰缸，最早无非是一个碗或盘状的器皿，抑或用旧水杯和玻璃瓶代替，并无太多的样式和色彩可言，但那毕竟造就了烟灰缸的雏形，达到了临时收集和存放“弃物”的目的。所以说，烟灰缸的“发源地”应该是美国。

烟灰缸是随着卷烟进入中国的，据传中国生产（仿制）的第一批烟灰缸是 1889 年，由江西景德镇烧制。另一种说法是官窑瓷器烟灰缸是中国烟灰缸的始祖，其标志为“大清光绪年制”。无论如何划分，中国乃至世界普遍使用烟灰缸的年代大约始于 1926—1930 年。

到了二十世纪五六十年代，小巧玲珑的烟灰缸才有模有样地登上大雅之堂，堂而皇之地成为烟民们生活中不可或缺的日用品和装饰物。美国和欧洲一些较为富有的家庭，往往将烟灰缸摆在客厅明显的位置，与装酒或装水的玻璃器皿凑成一景。很多写字台、床头柜上也有烟灰缸的一席之地，与书写用具或床头灯相依相伴。从那时开始，人们对烟灰缸的材料、款式、图案、色彩及实用性逐步讲究起来以至有了更高的追求。

烟灰缸不但具备实用性，还是一种艺术品，有很高的观赏价值，不仅运用丰富多彩的色调和花纹绘制装点，千姿百态的造型也是它们的主要特点。静心品味烟灰缸多层面、多领域的美学展示，会使人乐此不疲，沉浸在艺术的熏陶与精神的满足之中。通过观赏和研究不同种类的烟灰缸，还可以直接或间接地了解世界各国和各个不同历史时期的文化、艺术以及名人轶事。如英国、法国、德国、荷兰、意大利生产的烟灰缸，有很多图案和造型充满欧洲文艺复兴时期的浪漫主义色彩以及不同宗教信仰的神秘传说；而埃及等国家的人面狮身像、骆驼群、头顶水罐的阿拉伯妇女烟灰缸，地域特色尤为鲜明，使人一目了然；韩国、日本和新加坡的烟灰缸，造型古香古色，图案秀美细腻；中国的景泰蓝和紫砂烟灰缸，制作精良，韵味十足，极具东方艺术的风范。

DISCOVERED GOLD AT KALGOORLIE

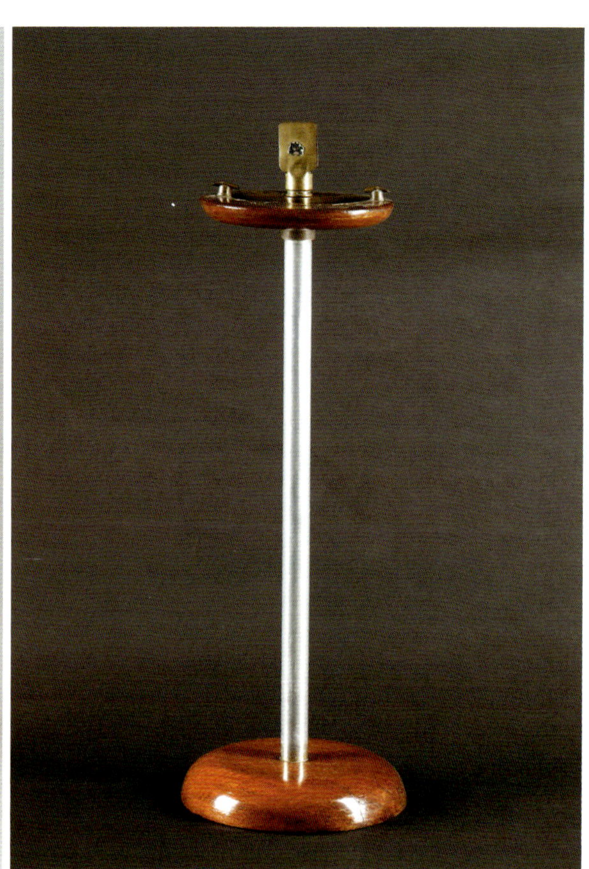

烟灰缸还是一种极佳的广告宣传载体，尤其是烟酒制造商往往把公司的名称、产品的牌名和图案直接印在烟灰缸上，令人抽烟的时候不忘酒，喝酒的时候想到烟。有的烟灰缸还附带火柴座，集存放火柴和香烟等功能于一体，创意新颖，构思奇特。在西班牙，曾经普遍使用的烟灰缸由两个部件组成，上层是烟灰池，下层是装水的容器，每抽完一只烟，按一下按钮，烟灰和烟蒂便落入水中，既卫生又安全。

2004 年，由百花文艺出版社出版的《中国烟具文化》一书中谈道：“林林总总的烟具按其不同用途可分为三大类，即吸烟用具、盛烟用具和弃物用具。吸烟用具有水烟壶、旱烟杆、烟斗、烟嘴等；盛烟用具有鼻烟壶、烟罐、烟筒、旱烟壶、烟荷包等；弃物用具主要是烟灰缸。”作者王安珠先生是烟具鉴定和收藏的前辈，我基本赞同他把烟具分为三大类的定义，只是将烟灰缸定为“弃物用具”，让我觉着有点别扭，因为一提到“弃物”，常会联想到废品回收站甚至垃圾桶，但王先生毕竟给了烟灰缸不容忽视的一席之地。

我父亲的一生烟酒常伴，直至晚年病卧在床，才不得不把烟戒掉。父亲的烟瘾很大，每天最少抽两盒，即40支烟，因为早期的卷烟不带过滤嘴，父亲常年夹烟卷的手指被熏成了棕黄色。父亲吸烟有一个习惯动作，快抽完一支烟的时候，立马掏出另一支新烟对上火。他曾笑谈，那是为了节省一根火柴，可他从来没有想着节省一支烟。

在我朦胧的记忆中，家里客厅的茶几上总摆着一个带火柴座的蓝白瓷烟灰缸，我推测它是民国时期的玩意儿。因为它太小，很难容下父亲一天抽剩下的烟屁股，清理烟灰缸的任务往往由酷爱干净的母亲承担。遗憾的是，那个做工还算讲究的烟灰缸早已不知去向，否则它一定会出现在我的藏品中，而且是藏品中的珍品。因为它不但有点年头，也是值得我珍惜的伴随父亲多年的遗物。

现如今，各式各样的烟灰缸举目可见，但多数收藏者都不会在其历史和年代研究上花费太多的精力和时间，而把着重点放在品牌、款式、材料和收藏数量上。烟灰缸毕竟是收藏领域中的后起之秀，或许再过一两个世纪，它们的历史和收藏价值才会显现出来。

随着全球性的“吸烟有害健康”的呼声日益增高，随着世界烟民的逐年减少，在遥远的未来，或许有一天，烟灰缸的最大用途就是收藏，特别是那些早期生产的“名牌”和“限量版”，以及名人政要使用过的烟灰缸，由于时间的推移等诸多原因，破损、断裂、老化和遗失等，其收藏价值更是与日俱增。

为了写这部书并给烟灰缸的收藏价值一个相对准确的定位，我曾四处查询有关烟灰缸收藏的参考书籍和相关信息，我必须说，比我想象和期待的少很多。目前我所知道的烟灰缸的英文专著均出自美国，而且全是女性作家，包括著名烟灰缸收藏家南丝云慧女士在 20 世纪 60 年代后期出版的《烟灰缸收藏家指南——辨认和价值》；1998 年由简・林登贝格（Jan Lindenberger）撰写的《可收藏的烟灰缸——价格指南》（*Collectible Ashtrays With Price Guide*）；1997 年出版、1999 年再版的《烟灰缸收藏者指南》（*Collector's Guide To Ashtrays*）则由南希・万维格（Nancy Wanvig）执笔。我相信除了英文版本，还有其他语种的相关书籍，只是我未能发现而已。

我曾在网上看到这样一则消息：2012 年北京匡时国际拍卖有限公司春拍时，一款顾景舟制、谭海泉刻段泥四方烟灰缸，从 30 万元起拍，最后以 130 万元落槌，加上佣金最终成交价

为 149.5 万元，成为史上最贵的紫砂烟灰缸。

何止是史上最贵的紫砂烟灰缸？我以为，它是迄今为止，世界上最贵的一个烟灰缸，而且这种“最贵”只能出自中国。毋庸置疑，这个烟灰缸具有一定的收藏价值，收藏者当是冲着两位紫砂陶艺大师的名号和影响力而拍板的。无论这位收藏者如何富有，我相信他（她）不会也没必要去使用这个烟灰缸，因为信手拈来的烟灰缸遍地都是，而具有收藏价值的烟灰缸则需要精挑细选，论资排辈。

我常年在国外生活，每次回国探亲所逗留的时间有限，在我的藏品中，中国生产的烟灰缸无论早期还是现代产品，均是屈指可数、微不足道，这是我收藏的一大缺憾，好在国内已经有一些颇具收藏规模的同好弥补了这个缺憾。

按照国内收藏家对烟灰缸年代的划分，官窑瓷器的烟灰缸是中国烟灰缸的“始祖”，其标志为“大清光绪年制”。从那时开始，烟灰缸的发展经历了“清末民初”“民国”“新中国成立后”“文革”和“改革开放”五个阶段。如果按照“越老越值钱”这一基本的收藏概念而论，中国清末民初的烟灰缸当然最有收藏价值。那个时期的烟灰缸的材料以陶瓷、景泰蓝、料器和金属为多，造型繁复而奇特、装饰艳丽而富贵。其中宫廷所用的烟灰缸一般器型为缸形，敦实、厚重，装饰绘画雍容华贵。而民间的烟灰缸，器型则十分复杂，往往由几个部件组成，多为手工制作。民间瓷器烟灰缸的另一特点是人性化体现得十分充分，既有盛放烟灰的烟灰池、插放火柴的火柴座、熄灭火柴的火柴熄，还有临时放置正在燃着的卷烟的烟托。遗憾的是，清末民初的烟灰缸，世间存量不多，也正因为如此，它们才更有收藏价值，物以稀为贵嘛。

到了民国时期，玻璃烟灰缸已经和瓷器、金属烟灰缸并驾齐驱，而景泰蓝、贵重金属、漆器的烟灰缸则仍然属于高档消费的行列。与此同时，成龙配套的烟灰缸开始出现，最常见的是一只大盘子上摆放一个烟灰缸，再配以烟罐（烟盒）、火柴座（火柴套匣）甚至牙签筒，着实令使用者方便了许多。除了赏石、红木的烟灰缸可遇而不可求以外，民国时期的烟灰缸有着相当的存量，市面上也偶能发现。

1949 年以后，广大人民群众成为卷烟的消费主体，烟灰缸也因为机械化流水线生产而变得千篇一律，而中国传统工艺包括景泰蓝和漆器等材料的烟灰缸，则是这个时代颇具收藏价值的产品。

中国生产的烟灰缸用材广泛，题材繁多，现代工艺渗透到烟灰缸的制作中，卷烟与烟灰缸的消费档次也被越拉越大，稀奇昂贵与普遍价廉并存，致使收藏者们曾一度产生困惑，因为实在说不准哪款烟灰缸具有收藏的潜力。

像所有藏品一样，烟灰缸收藏的价值并不等同于出售的价格，很多收藏家的藏品世代相传且极具收藏价值，但只要是常年“藏”在家里不见天日，不拿出来拍卖或赶上真正的买家，就很难估算出藏品被世人公认的实际价格。拿我的某些藏品来说，在我的眼中价值不菲，当宝贝“藏”着，但对于不玩这玩意儿的人来说，可能就是一般的碟子二般的碗，白给人家还未必要。

很多年前，美国欧文轮胎公司曾制作过一款烟灰缸——铜质烟灰池像花心一样卧在中间，外围由微型轮胎包裹，虽然外观较粗糙，但一眼看去，缸里似有熊熊燃烧的火苗。这样一个带有浓重广告色彩且批量生产的烟灰缸，目前的售价已经达到800—1000美金。当然，愿意出此价格的买主一定和我一样，是收藏烟灰缸的发烧友。

在我的藏品中，有一小部分烟灰缸不敢说世上绝无仅有，但想找到完全相同的另一个绝非易事，这不仅取决于我的收藏年份和经验，也取决于我的收藏渠道和一根筋的执着。在这些稀有的藏品中，用子弹和炮弹壳手工制成的烟灰缸一直是我的最爱，因为在很多炮弹壳底部会标出炮弹的生产年代、国家及编号，从这个角度讲，“原材料”本身已经具备了纪念意义和收藏价值，再经过后人的精心设计、打磨和焊接，组成比如飞机模型的烟灰缸，敦敦实实摆在桌上，掂着有分量，聊之有话题。

说到手工制作的藏品，绝非单纯意义上的手工工艺品，更不是流水线所生产的一个模子刻出来的廉价产品，所要追求的应是独此一份，别无二家。举个例子：

2004 年，我在澳大利亚西部的费利曼图（Fremantle）参加“珀斯国际文化艺术节”，演出根据我个人经历改编的英文独角戏《1300 个烟灰缸》（*1300 Ashtrays*）。老谋深算的剧院经理戴维为了销售更多的入场券，推出一个全新的促销方式：如果观众带一个烟灰缸到现场买票，可以享受半价优惠。别说，这招儿还真灵，接下来的几场演出场场爆满。按照事先我和戴维的口头约定，所有捐赠的烟灰缸我可以随意挑选，使我不但收获了近百个烟灰缸,还得到了一个值得珍藏的“绝版”。

那是一位出身艺术世家的澳大利亚大姐带来的，她还特意留了一张纸条，大意为：这是我已故的哥哥几十年前亲手制作的烟灰缸，他是一位颇有成就的画家，一生画过很多幅成功的作品，但是他只绘制了这唯一的烟灰缸，我们全家人都很喜欢它，现在把它送给你，因为你收藏烟灰缸，相信你会和我们一样，永远珍爱和保留它。我轻易地在互联网上找到了她哥哥的生平介绍，但时至今日，我还没有见过那位大姐。我一直遵循她的嘱托，将这个具有特殊意义的烟灰缸珍藏。

像任何藏品一样，出于名家之手且世上稀有的烟灰缸一定具有收藏价值，哪怕它们的历史并不悠久甚至是当代艺术家的作品，但随着时间的推移，收藏价值必会日益增长。

PRICE'S CANDLES
WHICH WILL NOT DROP GREASE WHEN CARRIED
PRICE'S PATENT CANDLE Co LIMITED
ONE SHILLING
BELMONT VAUXHALL LONDON

VIII
CORONATION
1937
AUSTRALIA

THE ARTFUL DODGER

前些年，我在网上认识了一位美国收藏家，他和我一样喜爱偏门收藏，他收藏有关好莱坞影星玛丽莲·梦露的照片、报纸、杂志、电影拷贝和其遗物。他知道我收藏烟灰缸后，跟我说，他有两个梦露当年使用过的烟灰缸，且保存完好，擦拭如新。这引起我极大的兴趣，曾想方设法从他那里讨一个，因为我也喜欢梦露，想通过烟灰缸嗅到梦露当年的芳香。遗憾的是，那个家伙是一个很“独”的收藏家，所有藏品只进不出，我最终没有“得逞”。

梦露毕竟是好莱坞一闪即逝的艳星，她使用过的烟灰缸和丘吉尔、斯大林、罗斯福的烟灰缸相比，收藏价值会逊色一筹。记得有个说法：第二次世界大战的胜利，是三个大烟鬼打败了一个不抽烟的希特勒，这三个大烟鬼就是丘吉尔、斯大林和罗斯福。当然，那只是历史的巧合，是命运的驱使，也是正义战胜邪恶的必然结果。

收藏世界名人特别是已故历史人物使用过的烟灰缸的空间很大，但收藏难度也很高。一是随着时间的流逝，他们的很多遗物要么已被收藏，轻易不会重现；要么早已遗失，无迹可寻。二是有很多专项收藏家也包括世界各国的大小博物馆会不惜血本，竭尽全力地挖掘自己需要收藏的人物所使用过的任何物品。基于这些原因，要想找到心爱且具有历史价值的烟灰缸，则需要多费心思，锲而不舍。

1977 年 8 月 16 日去世，有“摇滚之王”美誉的“猫王”埃尔维斯·普雷斯利 (Elvis Presley) 的遗物一直很抢手，每年在世界各地都有不少拍卖会，拍卖品也是五花八门，一件比一件怪。比如一位歌迷保存了一杯“猫王”在 1977 年演唱会上喝过的水，很多年以后拿出来拍卖。这位歌迷声称，他 13 岁生日那天去听“猫王”的演唱会，演出结束后，他偷偷潜入后台，拿走舞台上还残留着“猫王”口水的水杯，回家后马上用塑料布严严地封住杯口，放进冷冻库。最后，这杯“圣水”以 455 美金成交。

不少人认为“猫王”的歌迷也包括“猫王”遗物收藏者们都是“怪物”，什么都可以买卖。“猫王”台球桌上的一颗球，有歌迷花上 1500 美金购买；“猫王”生前住所“优雅园”内的植物吊篮，以 630 美金售出；“猫王”用过的一把吉他，竟以 130 万英镑成交，成为史上最贵的吉他；甚至“猫王”的一撮头发，真空包装后，以 115 000 美金找到新主人。你以为花大钱买下一杯水或一撮头发很疯狂吗？有位歌迷曾花了 748 美金买到 1977 年“猫王”葬礼上一根已经折断的干枯树枝，疯狂的程度无人能及。

影迷也好，歌迷也罢，虽然他们的很多行为显得过激，令人不可思议，但对于收藏爱好者或收藏家来说，可以从某一角度理解他们的执着和苦心。再说了，随着时间的飞逝，很多藏品的价格会翻倍地增长，从长计议，这种对名人遗物的执迷和资金的投入，也就不足为奇了。

如果有一天在拍卖会或网上出现一个得到专家证实的曾是“猫王”使用过的烟灰缸，我一定会参加竞拍，虽然我知道“猫

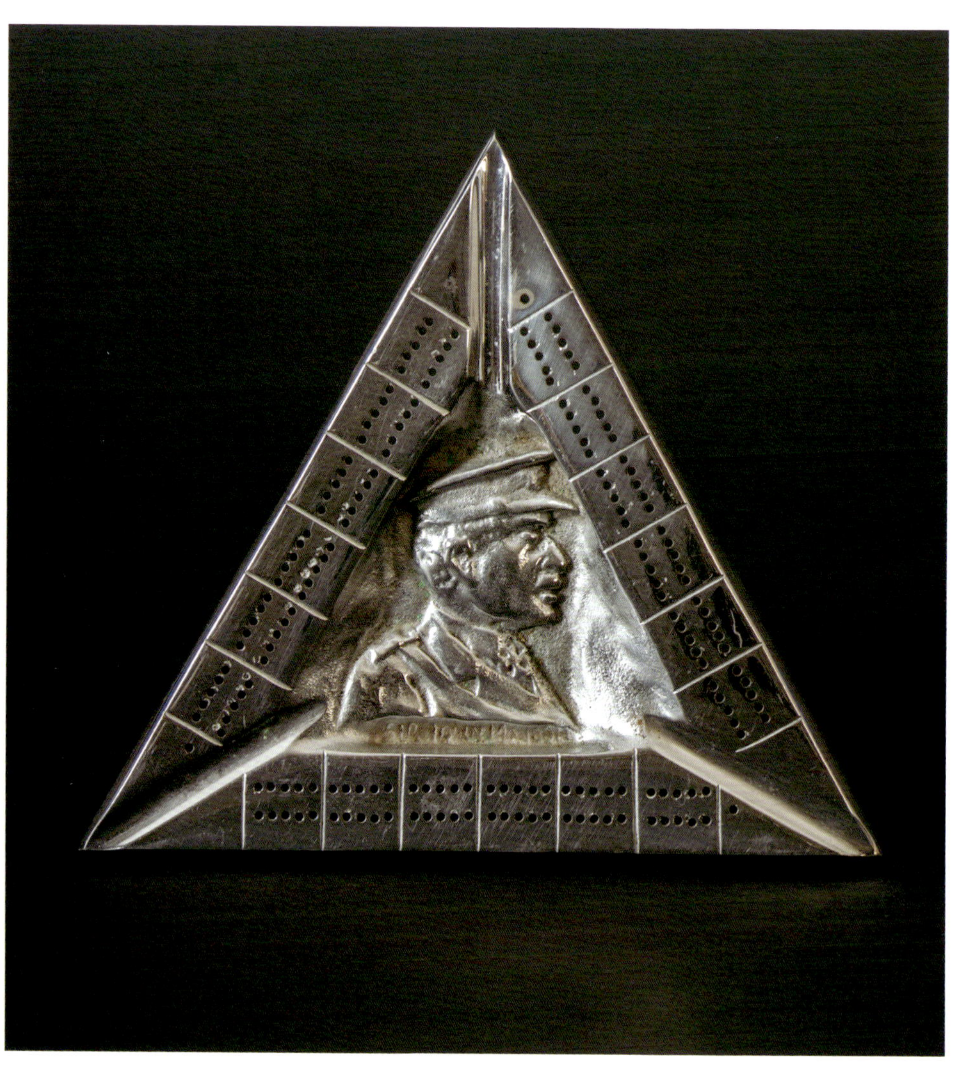

王”的遗物已经被他的千万追随者抬高了几倍甚至几十倍的价格。正因为这种不间断的递进买卖，这类遗物才有了收藏和升值的双重价值。

除了影星和歌星以外，已故的领袖人物使用的烟灰缸，也有一定的收藏价值。决定这种收藏价值的先决条件至少有两点：首先，常与他们相伴而不是信手拈来的实物，比如摆放在他们曾经的住处或相关场所的烟灰缸。或许受时代和条件所限，那些烟灰缸的造型和材料并不十分讲究，但它们毕竟是在一个特定的历史时期，伴随这些历史人物左右的为数不多的物品。其次，这些烟灰缸最好能得到他们的亲属或研究他们生平的单位以及个人的鉴定。从这个角度讲，这些人物使用过的烟灰缸名正言顺地成了历史文物，对于专门研究历史人物的专家和学者来说，也有非常实际的保留价值，他们去世以后的时间越久，其收藏价值就越高。

烟灰缸已经默默地为人类作了一百三十多年的贡献，早已是很多家庭和公共场所不可或缺的物件，但烟灰缸从未计较过自身的社会地位和名利得失，人们把它们摆在哪儿，它们就在哪儿无怨无悔地承受着烟熏火燎。

我认为世界上还没有诞生著名的烟灰缸品牌，因为没有任何权威机构给烟灰缸的品牌下过能得到国际公认的定义，就是有，也不可能和名牌电器、手表、时装等多种日常用品相提并论。对于使用者和收藏者而言，几乎没有任何依据去追求“时髦”，没有任何理由去为“名牌”吐血，远不像风靡全球的打火机，类似芝宝（Zippo）那样，曾是身份和地位的象征，也是收藏者们穷追不舍的宠物，至今畅销不衰。当然芝宝不是一家独秀，世界名牌或顶级打火机还有纪梵希（Givenchy）、卡地亚（Cartier）、都彭（S.T. Dupont）、BIC、IMCO、登喜路（Dunhill）、帕克（Parker）、科乐比（Colibri）和 Flamidor 等。

尽管烟灰缸暂时没有受人追捧的名牌诞生，它的品牌其实不少，只是名气不大，始终没有像打火机那样在国际上给予权威的定位，更没有所谓的“世界十大名牌”。《中国品牌大全》的网页上登出的“时尚烟灰缸十大品牌”依次为：威尔（Wear）、Fove、明媚阳光（Mingleiyoung）、斯托克威尔（Stockwell）、尚昔、凯斯黛儿（Kisstyle）、鲁周元素、北行（Northward）、源达（YD）和梵莎奇。应该肯定的是，任何品牌在中国被评为“百强”已非易事，挤进“十强”更值得庆幸。同类产品的市场竞争激烈是其一，评选依据的权威性是其二，评选过程的错综复杂和人为因素这是三，能否经得起时间的考验和使用者的认可为其四。我不知道这十款烟灰缸在国内市场的知名度有多高，销量又如何，但就目前而言，它们在国际市场上还没有引起太大的反响，加之又是当代批量生产的产品，如果需要，买回家当个实用装饰品挺好，但收藏价值的大小，要等到几十年甚至上百年以后才能慢慢得到验证。

"BLACK & WHITE"
SCOTCH WHISKY
"BLACK & WHITE"
SCOTCH WHISKY

WHITE HORSE
SCOTCH WHISKY

不过，具有国际知名度的厂家所生产的烟灰缸可以借势借力，挤进明星行列，成为“准名牌”，如同出身名门贵族的子孙后代，在家庭背景这一光环的笼罩下，依然能够引起消费者和收藏者的极大兴趣。中国景德镇早期生产的烟灰缸就有一定的收藏价值，这主要源于景德镇的陶瓷历史悠久和名扬海内外的信誉。而国际上著名的陶瓷生产厂家所制造的名牌产品则是不胜枚举，像英国大名鼎鼎的皇家道尔顿（Royal Doulton）和韦奇伍德（Wedgwood），法国人见人爱的爱马仕（Hermès），德国人引以为豪的迈森（Meissen），以及丹麦具有贵族风范的皇家哥本哈根（Royal Copenhagen）等，这些老牌制造商早期生产的特别是限量版的烟灰缸，是实际意义的“名牌”，具有无可争议的收藏潜质和收藏价值。

烟灰缸的收藏价值和使用何种材料制作有一定的关系，但不是决定因素。假设用红宝石、蓝宝石或祖母绿磨制成一个烟灰缸，哪怕体积微小，也会价值连城。而真金白银就其材料本身而言，已经有了一定的市场价值，拿到任何金店按克论两地去卖，也能卖出个好价钱。金银（包括镀金、镀银）烟灰缸在市面上不属于稀罕物，时常可以遇到，对我而言，收藏金银烟灰缸的兴趣不是很大，除非我知道它们的来龙去脉，否则不会花高价购买价格不菲的当代金银制品，我觉得它们太晃眼，华而不实。对于金，咱们中国人追求纯度，须有一串 9999 刻在上面才踏实，而西方人更喜欢 14K 或 18K 金，因为 K 金比纯金硬度高，可以随意镶嵌类似珍珠、翡翠和宝石等饰物。依照这个原因，我反而偏爱两种材料合二

为一的制品，比如以铜为本体，在上面用金银点缀一些花式、风景或人物，制成的产品往往脱俗，更具想象力。

有一只个头很小且造型单调的石头烟灰缸，我之所以收藏它，是冲着它的底部雕刻的几个字 Stone From The Dead Sea（石头来自死海）。死海是以色列和约旦之间的内陆盐湖，水面平均低于海平面约四百米，是地球上最低的水域。死海也是世界上最咸的咸水湖，其盐分含量高达百分之三十。很明显，我收藏的不是一个盛放烟灰和烟蒂的器皿，而是一块经过打磨、远道而来的石头。我不知道自己这一生是否有机会去死海一游，但这块“石头”已经拉近了我和死海之间的距离，这也是一个旅游纪念品的实际意义。

旅游纪念品的种类很多，范围很广，市场潜力也很大，游客们每到一个国家和城市，往往不由自主地买一些纪念品馈赠亲朋好友或摆在家中留念。2014年，我的一个朋友去南非旅游，在一个看似原始的部落，特意给我买了一个烟灰缸。它是由黑条树皮手工制作的，乍看上去充满豪放的野性美，但雕刻手法不乏细腻。非洲人能将普通的材料加工成精美的工艺品，着实让人佩服，也改变了我对非洲这片狂野之地的简单认知。南非的木雕工艺品题材非常广泛，像反映他们生活的作品，如宗教的巫师、哺乳的女人、彪悍的猎人，以及各种非洲特有的野生动物，几乎无所不及。从这个角度讲，旅游纪念品包括独具特色的烟灰缸，就有了收藏价值，这种收藏价值不能单纯用金钱来衡量，它还包含纪念品所折射出的历史、文化、民俗和手工艺艺术。这类纪念品，最好是就地取材、原汁原味，每次拿出来观赏，都会引起一些美好抑或难忘的回忆。

中国人除了喜欢翡翠、纯金，也偏爱水晶制品，这点和欧洲一些国家，比如法国、意大利和希腊人颇为相似。就冲这点，赶上在澳大利亚的华人朋友乔迁新居，我常常会送一束鲜花配以一只水晶花瓶，价格不算很高，却也拿得出手。

我收藏了几个水晶烟灰缸，其中有美国和法国生产的。因为水晶制品很难在底部雕刻印章，大部分产品只好贴上胶条（通常为金色）标明品牌和产地，但时间久了会自然脱落，所以辨别早期生产的“名牌”水晶产品，比如施华洛世奇（Swarovski）或巴卡拉（Baccarat）等，需要依靠经验。当然，巴西是世界公认的第一水晶生产王国，如果能发现一个巴西生产的紫色水晶烟灰缸且无任何磕碰，我会毫不犹豫、必收无疑。

近三十年来，我吃尽了收藏的苦头，更尝到了收藏的甜头。我常常不加掩饰地与人分享我的收藏经历，甚至说服和鼓励没有收藏爱好的朋友们尽早选择一两个项目走上收藏之路。我常和朋友们说，世界上除了空气和活人以外，什么东西都可以收藏，无论古老的还是现代的，无论是昂贵的还是价廉的，只要目标确定，循序渐进，逐步掌握收藏知识和要领，日积月累，必有意想不到的成果。

收藏烟灰缸和其他藏品一样，起步之初比较困难，很多人常受各种杂念所困扰，比如没有业余时间或足够的本钱，比如家里的地方太小没有闲置的空间，比如举棋不定不知道该收藏什么，再比如自己没有任何收藏知识担心上当受骗。其实这些担心都是多余的。

有一年我回国探亲，和一位相识多年的朋友酒后闲聊，聊着聊着就聊到了收藏。他和我一样的是，常常烟酒不离口，他和我不一样的是，有足够的空闲时间。因为他应酬很多，一天到晚东喝西撮，没事的时候，爱把玩类似扳指、核桃之类的小饰物，还开过一家小饭馆。基于这些原因，我建议他收藏筷子。我所说的筷子，当然不是平日使用的普通竹木或塑料筷子，而是一些老字号、名餐馆的刻有店名的老筷子，如果认识餐馆老板或逐渐混熟了，可以试着讨要一些早年哪怕顾客使用过的筷子，有年份的餐馆兴许会保留。

一年以后我再次回国，那位朋友迫不及待地邀我到他家欣赏他的“战利品”。一进门，我被客厅壁柜里摆放的五颜六色的烟灰缸所吸引，粗略一看，有近百个。很多烟灰缸上，印着或刻有饭店、餐馆的字号，大到香格里拉、希尔顿，小至沸腾鱼乡、东来顺。我问朋友，这么多烟灰缸有花钱买的吗？他诡秘地笑笑说，百分之九十以上是跟人家“要”的。也就是说，这位老兄不但蔫不唧地呛我的行，还分文不掏就使自己的收藏初具规模，照这个速度收下去，再过个十年二十年，他的收藏总数或许会追上我。尽管如此，我答应下次见面时，送给他几个不同国家的烟灰缸。说句掏心窝子的话，我希望收藏烟灰缸的人越多越好，人多货才热，人多易交流，就像股票，买家越多，升值越快。

世界上任何一个国家都有古董和旧货店，古董店（Antique Shop）里面的老东西相对比较多，也有一些真玩意儿，但开店者大多是行家，通常把价格定得很高或很准，想捡漏就是捡个便宜比较难。不过对于收藏者来说，只要店主没有漫天要价，该花的钱就不能小气。如果可能，挑上两三个或者更多东西，凑在一起讨价还价，常会有一个双方都满意的结果。

1995年，我去新西兰的奥克兰参加电影《蹩脚的英语》（*Broken English*）的拍摄，因为在那里逗留的时间较短加之人地两生，我在拍摄之余便搭乘出租车四处“扫货”。我常对司机说，你就带我去那些古董店，每家店我最多停留五分钟，你甚至都不用"熄火"，咱们接着去下一家。司机当然愿意接这个活儿，可以随着他们的意愿东奔西跑，只是他们心里会想，这家伙要么是大款，要么是疯子。我当然不是大款，但我绝对是"疯子"，为了淘到我喜欢的烟灰缸，我往往不惜代价，一意孤行。

在澳大利亚、新西兰及西方很多国家，每个城市和每个区都有旧货店，也叫二手店（Secondhand Shop），其物品的主要来源是商家、企业和个人的捐赠，可谓五花八门、包罗万象。旧货店收到这些物品后，经过适当的修整和擦拭，再以廉价出售，冠以"救济穷人"。澳大利亚有救世军开的旧货店（The Salvation Army Shop），教会开的旧货店(Opportunity Shop，简称 OP Shop）以及慈善机构开的旧货店（Vinnies Shop）。我常常把家中暂不需要且能穿能用的衣物捐赠给这些旧货店，也常常获得意外惊喜，可谓一举两得。店里的工作人员大多是一些和蔼可亲的老人，也是分文不取的义工，他们热衷慈善事业，同情和照顾进店购物的每一位顾客。基于这种心理，老人们把物品的价格定得很低，他们不需要靠此盈利，所有的善款都回馈社会，捐给教会或慈善机构补偿贫困家庭。日复一日，年复一年，我在这些旧货店里淘到了很多颇具收藏价值的烟灰缸，这些烟灰缸在古董店里是很难用同样的价格买到的。就冲这点，我也要感谢上帝，感谢澳大利亚，感谢那些

2 FULL

默默无闻的捐赠人和不辞辛苦的慈善工作者。

据说有人在澳大利亚维多利亚州的周末跳蚤市场以几澳元的价格买过齐白石的真迹；还有人得到一幅莫奈的画才花了几十澳元。无论真假，我没有这个运气，我所具有的只是从不放弃。在澳大利亚二十多年，几乎每个周末我都去周末市场转悠，雷打不动，风雨无阻。我至今不知道维多利亚州一共有多少家周末市场，我常去的是离墨尔本市中心不远的坎伯韦尔周末市场（Camberwell Sunday Market），因为这个市场相对比较专一，不允许出售瓜果蔬菜和食粮杂物，大部分摊位所卖的都是旧货或古董。摊主们来自世界不同的国家，所售物品充分体现了澳大利亚多元文化这一特色。由于我常去，在市场上混了个“脸儿熟”，很多摊主都直呼我的名字，我也知道他们来自哪个国家以及所售物品的基本价位。这样的好处是，他们知道我收藏烟灰缸，会特意给我“留

着”；不利的是，价格由他们决定，我不好意思砍得太狠。每次一到市场，我的周身便迅速充电，两个眼睛瞪得倍儿圆，像个饥饿难挨的猎人满世界寻找猎物。我的第一搜寻目标，不是那些常年固定的摊位，而是新的摊主。有的新摊主是临时急需现钱，把家里的东西东挑西拣给钱就卖；有的摊主则处在适应期，正在摸索市场所需和合理的价位。比较而言，偶尔来一次的新摊主对其所售物品的定价往往低于那些常年固定的老摊位。

鉴于周末市场每周只有一次，且摊位的流动性很大，我只要遇到八九不离十的烟灰缸，会当机立断地拿下，免得过了这村就没这店了。二十多年下来，我的所有藏品中，大约有五分之一来自这个市场。我已经记不得自己一共投入多少钱了，但我相信，要评选最佳顾客，我该有资格入选。

说到跳蚤市场，使我想起了北京的潘家园。前些年每次回国探亲，我都忙里抽闲去那里转一转，而每次转一转都是徒劳无获、空手而归。潘家园所卖的东西真是形形色色，假假真真，别的玩意儿我不懂，也不去问，只在那些废铜烂铁

瓶瓶罐罐里挖掘我所需要的烟灰缸。有一次遇到一个黄铜烟灰缸，背面歪歪扭扭地刻着英文字母“China”（中国），因为“二龙戏珠”的图案吸引了我，便蹲下来问问价。听摊主的口音像是河北人，粗犷的大脸已被太阳晒得和铜质烟灰缸一个颜色。我刚拿起那个烟灰缸，他便说，那是老东西，有兴趣就出个价。我问，大概多老？他貌似真诚地告诉我，这是俺们家祖传下来的，少说也得两三百年了。我强忍着不笑出声来，便问，你打算要多少钱？他想了想说，给一千两百块钱吧，你没地方找到第二个了。我什么话都没说，把那个“祖传的宝贝”放回原地。他追着问我，你能出多少钱？我说，两百。不到一秒钟的时间，摊主的脸由“黄铜”变成了“红铜”。

互联网的迅猛发展，使各类销售网站应运而生，消费者在网上购物的空间逐步增大的同时，也因为选择渠道过多而浪费很多时间。中国的销售网站更是名目繁多，其中卖古董、卖旧货的销售商占有较大的比例。2003 年创立的“淘宝网”在中国可谓家喻户晓，它是从拍卖二手货交易起步，逐渐转型到出售全新商品的大型电子平台。2012 年“淘宝”和“天猫”的交易额约为一万亿元人民币，超过亚马逊公司和 eBay 的总和，被英国权威的《经济学人》杂志称为“世界上最伟大的集市”。

虽然在澳大利亚也能上淘宝网，但我更偏爱 eBay，从 2005 年到现在十年多的时间，我先后在 eBay 上买了近百个

烟灰缸，已经熟练地掌握了在 eBay 上“淘宝”的一些窍门。我首先会关注“拍卖”（Auction）的东西，因为一些卖主为了吸引买主的眼球，会将起拍价定得很低，经常能见到 0.01 元或 0.99 元起价的拍卖品。虽然价格很低，我也不会盲目出价，首先对有兴趣的烟灰缸点击“观察”（Watching），等到拍卖时间即将结束的最后几秒钟迅猛出击，给竞争者一个措手不及。其次，如果“直接购买”（Buy It Now），我首先选择那些提供“最高出价”（Best Offer）的卖方，我的出价往往较低，蒙上了算我运气，蒙不上再试一次。无论选择哪一种方式在 eBay 上购物，我都会认真阅读卖方对该物品的“描述”（Description），并认真查看每张照片，如有疑问，立即向卖主询问。

eBay 是百分之百的买方市场，所有规章制度都对买方有利，顾客无论对错，都会把他们当作上帝来伺候；而对卖方却十分苛刻，以各种烦琐的条款约束，其中包括“反馈”（Feedback）和无条件的“全额退款”（Total Refund）等，强制卖方必须对产品的描述实话实说，必须一丝不苟地认真对待每一位客户。基于以上种种原因，我在 eBay 上购买烟灰缸，心里很踏实，至今还没有遇到过任何麻烦。

对于国内的收藏者而言，在网上购物特别是对待价格昂贵的“古董”要三思而后行。我们无须回避这个事实：当今世界的造假水平已经达到了炉火纯青、登峰造极的程度，很多伪专家看到实物还会“走眼”呢，何况在网上购物只能读

描述、看照片。好在烟灰缸的历史很短，造假的意义实在不大，但不排除卖方缺乏相应的鉴别知识而无意地误导买方。通过互联网购买烟灰缸也包括其他物品，虽然简单易行，但不能操之过急，毕竟买方和卖方在利用电脑进行交易，隔着一个无影无形的空间，不如实打实地看着现货再做决定来得更稳妥。

2015 年 2 月，我在墨尔本认识了一位来自上海的金总，金总快人快语，为人热情，在我家小聚后，得知我收藏烟灰缸，便毫不犹豫地对我说："我在欧洲旅游时，买了一个非常漂亮的水晶烟灰缸，找机会我托朋友带给你。"水晶烟灰缸还没带来，金总借去新西兰旅游的机会，先给我买了一个硬塑底盘内镶贝壳的烟灰缸。这类产品多出自新西兰等靠着大海的国家或城市。暂不论这两个烟灰缸的收藏价值有多高，但这份心意已经令我感动，毕竟我和金总只是一面之交。

这样的例子在我的生活中不胜枚举，我已经记不清到底

有多少位亲朋好友送给我多少个烟灰缸，但一两百个总是有的。我的一位相识多年的朋友曾经说，“送给李洋最好的生日礼物莫过于烟灰缸。”她说得确实在理，只是我不想让朋友们为此破费，收藏毕竟是个人行为，总让朋友们惦记，咱于心不忍呀。

墨尔本曾出现过一位著名的华裔“风水大师”，1992 年我刚到澳大利亚不久就和他相识且来往频繁。1995 年，当我买第一套房子的时候，曾邀请他来家小坐。我事先和大师有约，不是请他来看风水的，只是喝杯小酒，聊聊大天儿。大师进门以后，职业性地东瞧西瞅，看得我心里直发毛，担心大师说房子的风水不好，让我拆这堵墙，堵那扇门。大师转了一圈，忽然在我的书房停了下来，看着展示架上摆放的上百个金属烟灰缸说，房子的风水不错，只是有些阴气，这些阴气来自你收藏的这些老烟缸，应该把它们送人或者装箱库存，否则久而久之会影响到你的财运和身体。大师的话，真把我吓着了，立马感到浑身上下凉飕飕。大师或许不知道，那些烟灰缸是我多年的心血，为了它们，别说带给我阴气了，就是带我走进阴间地府，我也舍不得放弃它们呀。好在，大师给我吃了一颗定心丸，他说，这样吧，我下次来，给你带一个烟灰缸，你把我的烟灰缸摆在家里最明显的位置上，自然去阴补阳、化险为夷。大师就是大师，说话算数，没多久就送给我一个小小的金属烟灰缸，我每次看到它，眼前就会一亮，好像整个房间也充满阳光。

收藏的特点就是这样，要广开门路，不辞辛苦，耐得住寂寞，循序渐进。无论收藏什么，不能急于求成，更不能虎头蛇尾、半途而废。很多卓有成效的收藏家都有同感：收藏过程中的特殊经历和层出不穷的故事，会诱发收藏兴趣，建立收藏信心，一旦收到一些稀有物件，藏品达到一定数量，你会为自己的毅力和成就感到自豪。

据我所知，国际上有两位颇成气候的烟灰缸收藏家，第一位是本书曾经提到的南丝云惠女士，美国威斯康星州人，她从 20 世纪 60 年代中期开始收藏烟灰缸，藏品超过 4000 件，称南丝云惠女士为烟灰缸收藏界的鼻祖，应是名副其实。第二位是周镇荣先生，泰国人，建有自己的“奇石馆”，石质有玉石、化石、钟乳石等，图案包括景观石、象形石、抽象石，样样俱全。周先生自己也数不清他到底收藏了多少块石头，但他估算在奇石馆所展出的两千多块奇石，仅是他收藏总量的十分之一。周先生不但收藏奇石，还收藏烟灰缸、烟斗、烟花、打火机、火柴盒等，其中烟灰缸的收藏总量约为 2500 件。

国内烟灰缸收藏家首推王安珠，王先生退休前曾任江苏省烟草专卖局副局长，20 世纪 80 年代中期开始收藏烟具，出版过《中国烟具文化》一书，书中收有百十件烟灰缸精品照片。其次是河北唐山人龚乃全先生，他从 1993 年开始收藏烟灰缸，藏品 2000 多件，写过《烟缸闲趣》一书。天津还有一位不愿透露姓名的企业家，收有烟灰缸 1000 多件。据传空姐出身，来自宝岛台湾的林美美女士也是烟灰缸收藏者，由于林女士比较低调，目前的收藏总数不详。此外，位于上海的中国烟草博物馆对外公布的烟灰缸收藏总量约为 3000 个。

我相信世界上隐姓埋名的烟灰缸收藏家一定不少，收藏总量也会大得惊人，只是他们不愿意将自己的藏品公诸于世或者时机尚不成熟。“收藏”二字最简单的解释就是先“收”后“藏”，把通过各种渠道“收”回来的东西“藏”在家里，自己把玩或与亲朋好友分享也是一大乐趣。至于我，已经连“收”带“藏”近三十年了，经过一段烦琐的鉴定期以后，我愿意把我的藏品毫无保留地拿出来与众人交流分享，如果有谁（包括机构）愿意投资与我联合打造世界首家烟灰缸博物馆，我是求之不得并会积极配合，这也是我用部分藏品冲击吉尼斯世界纪录及撰写此书的初衷。

2014 年 10 月，我荣幸地拿到了烟灰缸收藏“吉尼斯世界纪录”的证书，证书上所体现的收藏数字为 1560，这当然不是我的收藏总数，也不及很多公开和尚未公开的烟灰缸收藏家的收藏数量。我相信这个纪录很快会被同行打破，但我已经做好了再次冲击世界纪录的准备。基于这个原因，我在本书中暂时没有公布我的收藏数量，我给自己也是给读者留个“悬念”，说不定哪天还会写这本书的续集，说不定哪天我将再次挑战自我或者对手，冲击新的吉尼斯世界纪录。

我必须承认，通过互联网和邮寄材料的形式冲击吉尼斯，是一个较为复杂的运作过程，整个过程需要一丝不苟且离不开朋友们的支持和专业人士的指导。很幸运的是，我的身边就有这样几位朋友，他们竭尽全力地为我提供各方面的帮助。像两位具有证人资格的好友——澳大利亚太平绅士陈静女士和澳大利亚《联合时报》总经理单宝明先生、著名翻译家查尔斯秦先生、才女刘滢小姐、摄影师耿华小姐、中文学校校长孟虹老师、造型师徐冰心女士，以及我挚爱的伴侣小蓓，他们才是我冲击吉尼斯世界纪录首战告捷的关键所在。

在申请吉尼斯世界纪录的材料中，有一封写给吉尼斯英国总部的信件（Cover Letter）非常重要，它需要放在所有文字和照片的首页，严格按照吉尼斯的要求来书写，如有任何遗漏，都有可能导致申请的失败。这封信的另一个关键作用，像是一本书的前言和一篇讲话稿的开场白，吉尼斯的审理官员会首先阅读这封信，如果被它所打动、所吸引，才会继续按照要求，审理其他的辅助材料。由于我是直接向英国总部递交的申请，提供的所有文字材料均为英文，为此，我只好求助于我的多年好友，目前在国内大学任教的英文专家 Alan Duan，他也是我在中英文翻译这个关键环节上能够信任、能够依赖的朋友之一。

以下是我写给吉尼斯英国总部的信件，也是我几十年收藏烟灰缸的小结。我同时将 Alan Duan 翻译的英文原文转载如下，或许对打算冲击吉尼斯世界纪录的朋友有所帮助。

我是 1988 年开始收藏烟灰缸的，至今已有二十六年。

当时我在中国一家广告公司当电视编导，有一次为一个设计院拍摄专题片，院长知道我抽烟，就送给我一个烟灰缸。它的外围是用黑色橡胶制作的微型轮胎，轮胎中心是一个白色瓷质烟灰缸，因为它很新，我一直舍不得使用。

我的女友小蓓看到那个烟灰缸后对我说，你经常出去拍片子，可能还会碰到不同的烟灰缸，咱们开始收藏吧。当时在中国，很多人收藏邮票，收藏钱币，收藏名人字画，收藏古董花瓶，却几乎没有人收藏烟灰缸，我们另辟蹊径，目的就是与众不同，而且要争当世界第一。

1990 年初，我准备去欧洲时，已经有了几十个烟灰缸，可谓初具规模。我出国的第一站是马耳他，然后是捷克斯洛伐克、匈牙利、罗马尼亚和南斯拉夫。在那些国家，无论我的生活多么艰难，我始终没有放弃对烟灰缸的收藏。1992 年 4 月，我踏上了澳大利亚的国土，我的箱子里除了一些必备的生活用品以外，装的全是烟灰缸。墨尔本的海关官员开箱检查时，也对我的收藏表示出浓厚的兴趣并祝我在澳大利亚发现更多的烟灰缸。

澳大利亚是一个多元文化的国家，世界各国的人们云集到这里，带来了不同的文化和艺术品，这为我的烟灰缸收藏提供了得天独厚的条件，并使我的收藏数量与日俱增。平日，我抽出很多时间奔跑于遍布澳大利亚各地的古董店、旧货店、拍卖行和救世军商店；每到星期天，我都会去周末市场，寻找不同款式的烟灰缸。2004 年 2 月，我的好友——澳大利亚著名话剧编导 Mrs. Angela Chaplin 知道我的经历后，与我一起写了一个独角戏《1300 个烟灰缸》，并由她亲自执导，我主演（我在中国曾当过 10 年的专业话剧演员）。

如果说 2004 年我的烟灰缸收藏数量已经达到 1300 个，经过近十年的努力即 2014 年，我的收藏总数已经远远超过这个数字。不过，此次吉尼斯世界纪录，我将按照 1560 个提出申请，因为我请的专业摄影师目前只帮助我拍摄了 1560 个烟灰缸的照片。

在收藏过程中，我始终遵循收藏界常说的“收、藏、鉴、赏”的四字规律，默默无闻地积累我的财富。

一、收：千方百计地寻找，见到有收藏价值的烟灰缸毫不犹豫地“收”回来。

二、藏：将每个买回来的烟灰缸清洗、抛光、包装，然后装入纸箱“藏”在有保安系统的库房里。

三、鉴：在时间许可的情况下，对每个烟灰缸进行初步“鉴定”，包括材料、年代、生产地、文化背景和收藏价值。

四、赏：我已经有了二十六年收藏烟灰缸的历史，有了庞大的收藏数量，我认为，现在应该把我的收藏品公诸于世，与更多的人特别是烟灰缸收藏爱好者交流收藏经验，相互“欣赏”并分享收藏的乐趣。这也是我申请吉尼斯世界纪录的初衷。

可以说，每个烟灰缸都有不同的故事，所以我珍爱每一个藏品。这里讲两个小故事，我至今难以忘怀。

一、2000年，我帮助朋友做生意去了一次迪拜。有一天，我们在一家阿拉伯餐厅吃午餐，我发现每张餐桌上都摆着一只精美的独具地方特色的烟灰缸。我的朋友对我说，你既然喜欢，就装在兜里，没有人看得见。我说，不行，虽然我很喜欢，但我可以从这里买一个。服务生过来后，我表明了我的意愿，并特意强调我是一个烟灰缸收藏者。服务生摇摇头对我说，我们只卖餐饮，不卖烟灰缸。而且这些烟灰缸都是我们老板特意为餐厅定做的，它们很贵重，也有纪念意义。我没有达到目的，很是不爽，匆忙吃完饭，起身离开了餐厅。临走前，我还特意看了一眼那个烟灰缸，真的后悔应该听朋友的话，把它直接装在兜里。

当我们走出十几米后，忽然听到背后有人喊我们，我回头一看，是那个服务生。我走近他，他递给我一个精致的纸口袋。我打开后发现，里面装了一只崭新的烟灰缸，在阳光的照射下金光闪烁。服务生对我说，这是我们老板特意送给你的，欢迎你再次光顾我们的餐厅。我紧紧地抱住服务生，说了很多句“谢谢”。

二、2004年，当我在Fremantle表演独角戏《1300个烟灰缸》时，Deckchair剧院的经理Mr. David Gerrand为了促销演出票，也顺便帮我收集一些烟灰缸，曾有两场演出采取了特殊的售票形式，即如果观众在演出之前到剧场门口购票，只要带一个烟灰缸来，就可以享受半价待遇。那两场演出，观众是最多的，我也得到了近百个不同种类的烟灰缸。我知道，观众不单单是为了节省票钱，更主要的是对我的演出和收藏爱好给予实际的鼓励和支持。

是啊，我的收藏品有百分之九十五以上是自己花钱购买的，只有百分之五来自朋友或陌生人的赠送，但我更珍惜这些赠品，因为它们记载着人们对我的友谊和情感，而这种友谊和情感是无法用金钱买到的。

It has been 26 years since I started my collection of ashtrays. It has grown in number and variety. It has marked milestones in my life. It has given me a sense of change. Each one is filled with an essence that captures a connection to a memory that fills my mind and heart.

The first ashtray I owned was back in China when I worked as a TV director for an advertising company. I did a job for a tyre manufacturer. The manager knew I was a smoker and gave me an ashtray as a gift. It was a white porcelain ashtray surrounded by a tiny little black tyre made of black rubber. I hated to use it as it was quite new.

When Xiao Pei, my girl friend at the time, saw the ashtray, she suggested I start collecting them because of my travels making films. In China at the time, a lot of Chinese collected stamps, coins, famous scripts and paintings, curios and antiques and vases, but very few collected ashtrays. I wanted to have a special hobby. Ashtrays were special. Ashtrays were different. I decided I wanted to be the world's number one collector of ashtrays.

At the beginning of 1990, I had collected dozens of ashtrays. I began a trip through Europe. I stopped in Malta, Czechoslovakia, Hungary, Romania and Yugoslavia. During my stops, no matter how difficult the conditions were, I never gave up collecting ashtrays. In April 1992, when I landed in Australia, my travel case was full of ashtrays. When the Melbourne airport customs officer opened and checked my case, he showed a strong interest in my collection and wished me luck in finding ashtrays in Australia to add to my collection.

Australia is a multicultural country where people from all parts of the world have brought parts of their cultures and artworks. This provides a unique environment with excellent conditions for me to collect ashtrays. The number of ashtrays in my collection increased with each passing day. I spent a lot of time rushing around visiting antique shops, second-hand shops, auction houses and Salvation Army shops. On Sundays, I usually went to the weekend markets to look for ashtrays. My travels were fruitful and my collection steadily grew over the years. My collection expanded numerically and artistically. In February 2004, Angela Chaplin, a famous Australian stage playwright-director, collaborated with me on *1300 Ashtrays* (See the photocopy of the drama), a one-man show for Deckchair Theatre, directed by Angela Chaplin herself, acted by myself (I was stage play actor for 10 years in China before I moved to Australia) and performed at the Fremantle Arts Centre Courtyard, for the Perth Festival.

The number of ashtrays in my collection reached 1300 by 2004. Ten years later, the total number of ashtrays in my collection has far exceeded this number. But, for this Guinness World Record, I will apply for the record of 1560 ashtrays as my specially invited professional photographer has so far only taken 1560 photos of the ashtrays in my collection.

In collecting ashtrays, I have always followed the four procedures often practiced by the collection circle: collect, store, evaluate and appreciate. By doing so, I have quietly amass a wealth of ashtrays and memories. *Collect*. Try every possible way to find ashtrays, and 'collect' them without hesitation as soon as I find one of real value; *Store*. Wash, polish and pack up the ones I brought back. I put them in paper boxes and 'store' them in my garage with a security system. *Evaluate*. Spend time on making a preliminary 'evaluation' of every collected ashtray, including their quality of material, dates and places of manufacture, their cultural background and collection value. *Appreciate*. I have been collecting ashtrays for 26 years. My collection is large. I believe it is time for me to reveal my collection to the world, to exchange collection experiences with more people, especially ashtray collectors and to 'appreciate' and share the pleasure of collection with others. This is why I want to apply for the Guinness World Record. Every ashtray I collected has a story and I cherish each one of them. Two ashtrays, in particular, hold strong memories for me.

In 2000, I went on a business trip with a friend to Dubai. One day we had lunch at an Arabic restaurant. I found that every dinning table was set up with an exquisite ashtray that had unique local characteristics. My friend mentioned I should put one in my pocket as no one would see. I said no. Although I liked them, I would not do that. I believed I could buy one from them. When a waiter came to us, I told him what I wanted, and particularly I emphasized that I was an ashtray collector. The waiter shook his head and said they only sell food not ashtrays, and what's more, those ashtrays were tailor-made for the restaurant and they are expensive and memorable. I didn't get one. I unhappily finished my lunch in a hurry and left the restaurant. Before I stepped out, I took another look at the ashtray and I regretted that I didn't listen to my friend to put it into my pocket.

But when we walked out some 10 metres away from the restaurant, all of sudden I heard someone called us at the back. I turned around. It was the waiter. I went up to him. He handed me a delicate paper bag. I opened it and found a brand new ashtray, glittering in the sunlight. The waiter told me his boss wanted to give me the ashtray as a special gift and welcome us to dine at their restaurant again. I hugged him and said 'thank you very much'.

When acting the *1300 Ashtrays* at the Fremantle Arts Centre Courtyard in 2004, I amazingly gained about a hundred ashtrays of all shapes and sizes. David Gerrand, the manager of Deckchair Theatre, arranged a special promotion. The promotion would create interest for the show by providing tickets at a reduced price. In the process, I could increase my collection. The audience only needed to pay half price for the show if they were willing to buy a ticket at the theatre ticket office and bring an ashtray with them. I knew that the audience bringing their ashtrays for the two performances was not merely for the half price, but also to contribute to the show. It helped my acting and supported my love for ashtrays.

Over 95% of the ashtrays in my collection are bought with my own money. Only 5% are gifts from friends and strangers, but I cherish these much more because they record friendships and feelings that cannot be bought. Those ashtrays, those friendships, those feelings are priceless.

金属材料种类繁多，名称烦琐。在我的烟灰缸藏品中，最多的是铜质产品，最少的是金质产品，只有一两个，还不是纯金的。我相信有纯金烟灰缸，但体积不会太大，生产数量有限。除了金质的以外，我收藏的银质（包括镀银）烟灰缸也是屈指可数。

数年前，我在悉尼的一家古董店见过一个精致的银质烟灰缸，底部刻有 Sterling Silver（纯银标记），印象中是美国生产的，标价 390 元澳币。通常，有收藏爱好的人，必须是砍价高手，否则收藏数量越大，花的冤枉钱就越多。澳大利亚的古董店、跳蚤市场，甚至很多大商店是允许砍价的，而我砍价，从来不顾及面子，有的时候拦腰就是一刀，爱谁谁。这一回，古董店的胖子店主可能看到我拿着那个烟灰缸爱不释手，当我问他是否可以接受 150 元澳币时，他瞪着一双牛眼看着我，半天没说话。我知道他听懂了我的出价，只是没想到我手里的这把刀磨得这么快，一刀砍在了腰眼儿上。我见胖子店主不说话，便换了一种砍价方式，问他最低多少钱可以出售？他犹豫了一下说，350 元澳币。我们相对无言，最终没有成交。我想，后悔的不只是我，还有胖子店主。

其实我犯了一个在古董店“淘宝”最忌讳的错误：直奔主题。我应该声东击西，拿起几件不感兴趣的东西有模有样地问问价，顺便捎上烟灰缸。从那以后，我还没有见过能与那个纯银烟灰缸媲美的类似产品，我猜想它一定还摆在店里，等着我把它领回家。

之所以将金属制品作为本书粗略分类中的第一大类，是因为金属烟灰缸的种类不胜枚举，造型五花八门、百态千姿。我也偏爱金属制品，它们厚重、敦实、铁骨钢筋，凸显年代感，搬搬运运也不易损坏。

与很多陶瓷烟灰缸不同的是，金属烟灰缸很少刻有制造商的标记（Makers Mark），其原始生产地只能凭借收藏经验和造型特色来判断和鉴定，但准确度会受到一些限制，因为英国也生产以法国埃菲尔铁塔为原型的烟灰缸，美国也制造雕龙画凤具有中国文化色彩的艺术品。至于那些飞禽走兽、厨具卫具，乃至飞机大炮等造型各异的金属烟灰缸，更是很难确定它们的“第一故乡”。为此，我索性避实就虚，除了单独谈谈中国和印度的金属烟灰缸以外，其他藏品就按照其

整体结构和外观造型予以分类。

虽然在海外生活了近三十年，但我依然对中国文化不弃不舍，只要见到稍有年代感或造型较为独特的“中国制造”的烟灰缸，就不会轻易放过。

有一款铜质烟灰缸，其底部的落款“大明宣德年制”非常粗糙，还画蛇添足地刻上“China”（中国）。这是一个赝品毫无疑问，因为大明宣德已是五百多年前的事了，而烟草大约在 16 世纪中叶才传入中国，距今只有四百多年的种植历史，何况世界上最早的烟灰缸大约在 19 世纪末期才诞生。再有，“宣德炉”的历代仿品极多，虽然当代有人把它们当作烟灰缸使用，但不应成为严格意义的烟灰缸，毕竟“炉”与“缸”是两码事。

这个烟灰缸是在墨尔本的跳蚤市场买的，当时摊主跟我说，它非常老，最少有 50 年了。我心里暗笑，要在咱们中国，没有千八百年历史的玩意儿，谁敢说它“老”啊？！不过，暂且避开土著人（Aboriginal）已在澳大利亚生活了五万多年这段古老的历史，单以公元 1770 年英国海军“努力”号船长库克在澳大利亚东海岸发现这块新大陆而论，澳大利亚才两百多岁。为此，澳大利亚当地人认为，只要超过三五十年的东西，就是 Vintage（老式的），而一百年以上的，就可以名正言顺地称为 Antique（古董），就有收藏价值。

这个“大明宣德年制”的烟灰缸，我才花了 20 元澳币，自我觉得很值，明明知道它是个“赝品”，但是给自己的藏品充个数、添个彩也未尝不可。

另外两个较“老”的中国烟灰缸一个产自“乾隆年间”，一个是“光绪年制”，凭我的经验初步鉴定，它们也是“赝品”，因为乾隆年间距今已经 270 多年了，与烟灰缸在中国诞生和生产的年代不相符。不过，虽然这个赝品的做工不是很讲究，但造型不算太俗且具有立体感，缸体上方还备有四个烟托，摆在那里不会掉价，使用起来也比较顺手。

如果这个“光绪年制”的烟灰缸是赝品，它倒是有资格以假乱真。光绪年前前后后的三十多年，或许偶有烟灰缸的诞生，但应以陶瓷器皿为主，不该是铜质产品，就是有，数量会非常有限，很难让我这位常年在国外生活的人赶上。当然，这只是我的直觉，没准哪天遇到哪位专家说它是一个光绪年间的

“真品”，那就算我歪打正着吧。

另外两个标有 China（中国）或 Made in China（中国制造）的烟灰缸都应该有些年头了，而且我敢肯定，相同的产品在市面上不会很多。据我所知，国内按照传统工艺生产景泰蓝的厂家多已逐步衰落或关闭，所以内镶嵌且保存完好的景泰蓝烟灰缸自有一定的收藏价值。

按照烟灰缸的发展历史而论，就是货真价实的“真品”

或“珍品”，在收藏领域也属于乳臭未干的婴儿。基于这个原因，我对烟灰缸的收藏理念一是不盲目地追求所谓的“老”，也不在“真”和“假”上没完没了地较真儿，而是把收藏重点放在奇特和稀有的产品上；二是用数量取胜，首先精挑细选，随之多多益善；三是集中精力，着眼于世界各个国家的产品，用烟灰缸展现不同国家的历史、风俗和艺术风采。

中国是世界上烟民最多的国家，大约有四亿人，占世界烟民总数的三分之一，我相信中国的烟灰缸从制造、使用到收藏量也是世界第一。随着中国百姓的收藏热情逐年升温，随着民间的可收之物逐月减少，收藏爱好者们越来越关注偏门（杂项）收藏，类似老相机、老留声机、手动打字机、怀表、钢笔、钱币、钥匙链、烟斗、烟罐、火柴盒等不胜枚举，而早期生产的烟灰缸也将越发显示出它们的收藏和市场价值，其中金属制品会享有得天独厚的优势，因为它们不易损坏，磨划出痕甚至锈迹斑斑也不耽误使用和收藏，反而体现出年龄和时代感。

烟灰缸上有众多的不同时期和不同国家的人物出现，第一类是人类历史长河中一代接一代的国君、领袖、政要或者有超凡贡献的专家学者和名流之辈，制造者们用这种特殊的艺术形式记载他们的成就，传承辉煌的历史。第二类是神话传说、宗教信仰以及重大历史事件中出现的值得歌颂和纪念的人物，这类产品通常会在人物图像的上下或左右标出姓名、

事件或具体年代等，便于使用和收藏者一目了然。第三类是通过人物以及他们的衣着鞋帽展现不同国家的文化特色和地域风情，这种产品以旅游纪念品居多，购买者自己保留或送给好友亲朋，分享和储存一段特殊的记忆。第四类则是通过一些市井画面展示平民百姓的日常生活，所选择的人物造型也具有亲民及大众化特征，这类产品看似普通，却使人感到亲切，没有距离感。

两用或多用途烟灰缸是设计者一种智慧和爱心的体现，他们在设计初期就已经考虑到吸烟者的实际需求，比如在打火机被广泛使用之前，烟民们大多使用火柴点烟，而与烟灰缸连为一体的火柴盒座（套匣）就显得非常实用。当然，这种实用会受到环境的限制，公共场所及酒吧、餐馆就未必适合，而更多的是家庭自用或为来访者提供方便。正因为如此，

这种合二为一的烟灰缸的产量并不是很大，寿命也不是很长，随着打火机、点火器的先后问世，传统的火柴也渐渐失宠。

大约在1898年前后，一种采用了引信技术的打火机诞生了，它被人们称为“魔术珍灯”（Magic Pocket Lamp），并立即成为市场上备受欢迎的产品。从那时开始，随着时间的推移，打火机逐渐成为人们日常生活的必需品、商家钟情的促销礼品、备受宠爱的旅游纪念品以及珍贵的收藏品。到20世纪初期，原始打火机的时代已经终结，消费者需要更方便、

更便宜的选择，随之出现了甲醇打火机、电池打火机、电子打火机等，还产生了世界上第一个打火机品牌“IMCO”。

打火机被广泛使用以后，烟灰缸的设计和生产者们也不甘掉队，很快制造了一批多用途套装产品，由烟罐（盒）、打火机和烟灰缸组成，致使烟具“三兄弟”整日形影不离，相扶相依。除此之外，两用或多用烟灰缸还有和台灯（立灯）组合而成的，放在桌前或床头可谓一举两得。

“裸女托火炬”立体烟灰缸是我到澳大利亚不久收藏的。那个时候——1993 年，我常常从墨尔本西区高街（High Street）上的一家手工作坊前经过，展示窗里最吸引我的就是这位亭亭玉立的铜少女。从其发式和脸部轮廓看，她应该是一个非洲女孩，全身赤裸，情窦初开，终日托举着一个巨大的火炬，显得有些吃力、有些羞涩、有些伤感。这家店的店主平日有全职工作，出于对长辈的尊敬，没有彻底关闭祖传的店铺，每周只开门一次即星期六的上午。店主跟我说，这是他父亲亲手制作的烟灰缸，他父亲喜欢抽烟、喜欢铜器、喜欢收藏灯具，也喜欢收藏女人，所以他制作了这个烟灰缸，一举多得。我不关心店主跟我讲的他父亲的故事是不是杜撰的，我只是关心他能否忍痛割爱，把这个铜少女转让给我。经过几个回合的商讨，我最终把她抱回了家。

可以这么说，在我所有的烟灰缸藏品中，她是较贵的一个，尤其是在 1993 年，但我至今无怨无悔，不但美丽的非洲少女吸引了我，她所托举的使用早期玻璃材料制作的火炬（灯罩）

也有特殊的价值。在宁静的夜晚，将这个火炬点亮，暖洋洋的火光笼罩着少女的胴体，营造出一种特殊的气氛，在这种气氛下，它已经不是一件单纯的实用品，而是精美的艺术品，令人赏心悦目，浮想联翩。

百分之九十五以上的金属，特别是盘状烟灰缸都是正面带有图案，背面是一个平板，除了偶有生产厂家、个人名号或原始材料等信息以外，少有其他雕饰。单面图案的模压或工艺制作程序相对简单，使用者也不在乎背面是什么，何况大多数烟灰缸都是清一色，偶有精美或独特的正面设计和雕琢，已属锦上添花。但是我对双面制品，即背面也是凹凸并与正面的图案遥相呼应的烟灰缸情有独钟，每每遇到，全力拿下，毕竟它们的生产数量有限且很难发现。

我收藏了一款双面金属烟灰缸颇为独特，它以暗喻和幽默的手法，为我们描述了一个受大众鞭挞的社会现象：伪君子。光看那个男人的正面形象，绝对衣冠楚楚、彬彬有礼，像真正的绅士轻轻地搂着身边女士的腰。唯独令人奇怪的是，女士的表情似乎有些异样，好像受到惊吓。当我们把烟灰缸翻过来，才恍然大悟，原来“绅士”的手早已顺着女士的腰滑到了臀部。其实这类男人从古至今屡见不鲜，他们当面这一套，背后另一招，表面正人君子，实为卑鄙小人。双面烟灰缸的设计者也是用这种无声的语言对伪君子进行嘲讽，虽然制作工艺相对复杂，起码多了一道压膜程序，但构思巧妙、出奇制胜，引起使用者一笑之后的思索或自责倒也值得。

在我收藏的金属人物类烟灰缸中，有一定比例的立体头像和全身像，与其说它们是烟灰缸，不如说是小雕塑，而且这些人物雕塑的原型基本上都有些“说头”，要么是历史名人或战争英雄，要么是著名雕塑或城市地标。像我们所熟悉的小于连（Manneken Pis）就是比利时首都布鲁塞尔的市标，这个闻名于世的尿尿小童常年站在步行区的喷水池上方，虽然是一个五岁小男孩的雕像，身高才53厘米，但他已在那里稳稳地矗立了四百多年，不但是当地一代又一代市民的骄傲，也是游

OH!

客们热衷“膜拜”的神童。

如果是同一时代、同一材料或同一品牌的烟灰缸，可以肯定地说，立体的较之平面的收藏价值更高一些，因为它们更直观、更耐看，制作工艺也更难。通常，这类烟灰缸的主要生产国是英国、德国、意大利、澳大利亚、日本和印度。

虽然平面烟灰缸在我的眼里不如立体烟灰缸受宠，但我从来不敢“虐待”它们，因为它们是绝对的主流，占据着我烟灰缸收藏的最大比例。

记得十几年前，我买一个头像烟灰缸的时候，曾经因为上面的英文字母比较模糊，跟卖主探讨了半天那个戴着大壳帽的军人是谁。我觉得他像斯大林，只是没有叼着烟斗。但卖主说不是，可到底是谁，他也说不清楚。他能够说清楚的是，那肯定是一个了不起的家伙，而且早就死了。

几年前，我又发现了同一人物图案的烟灰缸，幸运的是，这个卖主能够读出他的名字：Sir John Monash（约翰·莫纳什先生）。

我们知道，早先在英国也包括英联邦国家，比如澳大利亚，Sir 是对爵士（Knight）或准男爵（Baronet）的尊称，通常用于姓名或名字前，但不用于姓氏前。从这个角度讲，烟灰缸上的这位，的确不是一位普通的人物，但他究竟是谁？我在近期才探出个究竟。

约翰·莫纳什是澳大利亚的一位传奇人物，生于 1865 年

6 月 27 日，逝于 1931 年 10 月 8 日。他是澳大利亚土木工程师，第一次世界大战澳新军团的司令，也是大英帝国的陆军上将，被公认为澳大利亚历史上最伟大的人物。1920 年战争结束不久，他写了一部书，名为《1918 年澳新军团在法国的胜利》。莫纳什肩扛上将军衔退役后，便回归平民生活，随后，他以自己丰富的工程和管理经验投身于维多利亚州的电力建设，在开采卢恩的煤矿、建设墨尔本的输电线和发展煤砖工业等方面均有不凡的贡献，同时还为其他退伍军人重建战后生活提供了热情的帮助。1929 年，澳大利亚工程院授予莫纳什最高荣誉：彼得·尼科尔·罗素纪念奖章（Peter Nicol Russell Memorial Medal）。1931 年 10 月 8 日，莫纳什因病与世长辞，大约二十五万人参加了他的国葬仪式。终其一生，他贯彻了自己的名言：为社会贡献个人的全部才智。为了纪念这位学者、实业家和伟大的战士，1958 年墨尔本市创建了“莫纳什大学”，澳大利亚百元纸币上也是他的头像，澳大利亚人民对这位光辉人物至今充满敬意。

是否可以这样说，如果不是收藏和研究烟灰缸，或许我没有机会了解这位令整个澳大利亚为之骄傲的人物和这段非凡的历史，哪怕我常年生活在澳大利亚。从这个层面上讲，一个小小的烟灰缸，它所承载的使命绝不止于存放烟灰和烟头，它往往会在不经意的瞬间，向人们传递意想不到却又简明实用的信息，而这些信息，除了为我们讲述像莫纳什那样的特殊历史人物的故事，同时也为我们展现普通百姓丰富多

彩的生活景色。

有一个烟灰缸我给它命名“对火”，朋友建议叫“悄悄话”。不管怎样称呼它，它都为我们展现了两个这样或那样的男人，讲述着一个这样或那样的故事，为使用或收藏者提供了充分想象的空间。

两个原本陌生的男人，在街头偶然相遇，男人甲掏出雪茄后才发现没有带火，抓耳挠腮之际，看到男人乙正在吞云吐雾，便迫不及待地走过去“对火”。因为风大，男人乙随手用礼帽遮挡，顺利地完成了“对接”这一司空见惯的日常行为。正因为那顶礼帽的作用，使人猜疑他们哥儿俩正在说“悄悄话”。从他们的着装来看，像是早期英国的绅士装，礼帽和拐杖体现了人物的身份特征和时代风貌。

我相信，设计和制造者抓住这一看似普通的生活瞬间永久地雕铸在烟灰缸上，一定有他们的目的和寓意。除非我们找到设计之初的原始素材，否则这个“寓意”更像一个谜，很难获得最终的谜底。

虽然平面烟灰缸有实际的使用功效，但是充当装饰品，往往需要支架的帮助。换言之，如果烟灰缸上的图案是人们所崇拜的人物或喜爱的事物，谁能忍心往上面弹烟灰甚至用烟头将其“埋葬”呢？

以各种动物为设计原型的烟灰缸遍地都是，举目可见，尤以人类常见或常常接触的动物为多，比如猪、羊、牛、马、鸡、虎、熊、猫、狗、兔等。虽然如此，烟灰缸的图案或造型中没有涉及的动物仍占绝大多数，因为仔细划分，动物的种类应是百万以上。根据化石研究，地球上最早出现的动物源于海洋，早期的海洋动物经过漫长的地质时期，逐渐演化出各种分支，丰富了早期的地球生命形态。在人类出现以前，史前动物便已出现，并在各自的活动期得到繁荣发展。科学家们还把现存的人类已知的动物分为无脊椎动物和脊椎动物两大类，已经鉴别出 46 900 多种脊椎动物，并先后发现了 130

多万种无脊椎动物。为此，想在烟灰缸上展现世界上绝大多数的动物，只是一个梦想。

细看我收藏的鸟类烟灰缸，或许可以相信人类正逐渐地将一个个梦想变为现实。设计者所选择的鸟种基本上都是我们日常生活中常常遇到的，像雄鹰、仙鹤、孔雀、猫头鹰、燕子、笑翠鸟。为了拍摄照片，我曾经突发奇想，将我收藏的不同鸟儿的烟灰缸摆放在一起，大大小小近百只。那天，我专注地看着它们，忽然产生一种幻觉，所有鸟儿在一瞬间变成了生灵，腾空而起，冲向蓝天。我甚至隐约听到它们的叫声，此起彼伏、叽叽喳喳——小燕低空飞舞，雄鹰展翅翱翔，各有各的韵味，各有各的风采。在那一瞬间，我更加坚信我爱鸟，更爱大自然。或许，这是为什么我收藏了太多太多的鸟儿造型的烟灰缸。

我还收藏了十几个孔雀开屏造型的烟灰缸，它们几乎是相同模具轧出来的相同产品，只是采用了不同材料和产自不同年代。依我之见，收藏不怕重复，珍品多多益善，何况这些不同色彩的孔雀凑在一起，竞相开屏争奇斗艳，足以营造出一种特殊的气势。

截至日前，世界有四大国际公认的赛马节：澳大利亚墨尔本杯赛马节、美国肯塔基赛马节、英国利物浦大马赛和法国凯旋门大马节。其中墨尔本杯赛马节是目前世界上最知名、历史最悠久的国际性赛马节，于每年 11 月的第一个星期二举行，从 1861 年开始至今已成功举办了 150 多届。

人们常说，世界上没有一种赌博能让整个国家停顿，除了墨尔本赛马节。每年的那一天，上到总督总理，下至职员小工，全澳大利亚人的眼睛都集中在墨尔本弗莱明顿（Flemington）的赛马场上。墨尔本的街头巷尾到处是彩旗和气球，上面印的全是马匹和骑手的号码和名字。为了赌马，把这一天定为法定公共假日即“墨尔本杯日”（Melbourne Cup Day）也是澳大利亚人的首创，可见澳大利亚人对赛马是多么狂热。

这种狂热，年年岁岁，逐渐感染了澳大利亚的各行各业，包括服装、工艺品和旅游品的设计和制作，烟灰缸也不例外。虽然很多人认为澳大利亚的袋鼠和树熊是很具代表性的动物，但那更多地体现在旅游层面，而真正的澳大利亚人却对牛、马、羊情有独钟，毕竟在澳大利亚有数不清的牧场和一望无际的绿草地。

立体马的烟灰缸，始终有很多人争相收藏。很显然，他们看上的不是烟灰缸，而是活灵活现的马儿。在我收藏的以马为原型的金属烟灰缸中，有一半以上是澳大利亚的产品，其中最受收藏者追捧的是骏马扬蹄、欲将腾空而起的造型，每次观赏它们，不得不佩服制作者的精细和高明。它们是烟灰缸，更是艺术品，相信大多数收藏者都会找个合适的地方“养”着它们、欣赏它们，没必要用它们装烟头、盛烟灰。

几个来自英国的早期产品也是我的最爱，因为它们别具特色。其中的一个造型是一匹马的头搭在另一匹马的背上，好似一个温顺的“妻子”正在跟强壮的“丈夫”亲昵、撒娇，而昂首挺胸的“丈夫”将自己的头伸到马圈外面，看似对“妻子”的表示不屑一顾，实则暗自享受温柔。而马头延伸到烟灰缸的边缘以外，真是精彩一笔，这种打破常规的大胆创意确实不多见。设计者不但有大手笔，也有细腻，除了马儿四周的马圈和干草逐一描绘以外，就连左下角的烟托（搭放半截香烟的烟槽）都没有忽略，而是在上面点缀了几笔花草树木，以点带面，使原本单一的马圈向外扩展开来。

我相信，不同的人看到这个烟灰缸会产生不同的联想，讲出不同的故事，这正是我所期待的，甚至以这个烟灰缸的图案作为命题，创作一篇小说抑或拍摄一部短片也不是没有可能，因为它本身已经为我们提供了足够的想象和创作的空间。

读者不难发现，双犬烟灰缸和上面谈到的双马烟灰缸的设计是一样的。的确，它们是早期英国同一制造商生产的同类产品。从这两种不同的动物或者说不同的构图可以看出，马儿是在圈养，狗儿东跑西颠，因为马儿的四周隐约可以看到类似护栏的网线，而狗儿四周却是一片平坦。还有，狗儿的动感更为强烈，它们似乎发现了目标，随时准备捕捉。通过绘画展现这种动感效果应该不难，但用铜质作品体现出来，就有一定的难度了，而这个烟灰缸上的两只狗真的是惟妙惟肖、活灵活现。

MADE IN ENGLAND

我收藏了很多不同的犬类烟灰缸，它们代表了不同国家、不同年代和不同材料的产品，狗儿的品种也不尽相同。不管是哪一款，我都喜欢，因为我对狗有一种特殊的感情，在海外生活近三十年，无论跑到哪个国家，无论日子好过难挨，我从未放弃养狗，我和它们有最亲密的接触，有难舍难分的缘分，有似曾相识的记忆，也有互相感激的情怀。

无论收藏什么，要想有别于他人，形成自己的风格和气候，所要投入的不仅是金钱、时间和信念，还要投入感情，只有对自己的藏品产生感情，才能够真正地认识它们、了解它们、鉴别它们和选择它们，最终爱上它们。我们常说某某人“爱”好收藏或者“爱”收藏什么，这只是一种形式，而通过这种形式，日积月累、积少成多，逐渐对藏品达到由衷的喜欢和由衷的爱，随之得到难以描述的精神愉悦才是真正的收藏。

我第一次见到的翻盖烟灰缸是一只铜公鸡，虽然它昂首挺胸地矗立在我的面前，但却并没有引起我的兴趣。当店主掀开它的盖子并告诉我它是一个烟灰缸时，我的两眼立刻瞪圆了。是的，它是一个烟灰缸，不但设计巧妙，且颇具人性化，按照现在的时髦说法就是“环保”。其实大多数烟民都很“自私”，他们往往只顾自己过瘾，不太在意他人的感受，很多被动吸烟者对那股浓浓的烟味往往嗤之以鼻，而没有被掐灭依然青烟缭绕的“烟屁股”所散发出的异味更是令人无法忍受。

翻盖烟灰缸则可以缩短烟头续燃的时间，减少异味的散发和蔓延，同时它们可以阻止烟灰随风而起，漫天飘散，甚至降低因未灭的烟头引发火灾的概率。

我在此书中重点展示的是鸡、龟、蛙、蝇这四种动物造型的金属翻盖烟灰缸，其中鸡和蝇产自意大利，龟和蛙大多来自日本。

近年来，世界各国的发明家们先后研制出诸多不同种类的“环保烟灰缸”，试图将人类烟熏火燎的困扰和危害降到最低点。从某种角度讲，这种尝试属于异想天开，也可以说是徒劳无获，因为烟和烟灰是隐形杀手，就像空气一样无孔不入，要想杜绝烟对于人类特别是被动吸烟者的直接危害，最有效的途径就是戒烟和禁烟。不过，早期人们对于烟灰缸环保设计的执着真的不多余，否则我们就没有机会去收藏这些烟灰缸中的“另类”。

有一个非常稀有的铜质鳄鱼造型烟灰缸，是翻盖类烟灰缸中的佼佼者，与其他几款翻盖动物烟灰缸有异曲同工之妙。它很沉，底部标有制造商的落款。

我所收藏的金属烟灰缸大部分底部没有款，我暂且认为是受制作工艺的烦琐所限。意大利早期生产的金属制品，常会在底部打上 Italy（意大利）或 Made in Italy（意大利制造）

LINTON
MADE IN ENGLAND
T.H.W
LINTON

的英文字样，其次偏爱落款的国家是印度、日本和英国。这款鳄鱼烟灰缸就产自英国，除了 Made in England（英国制造）以外，中间的三个大写字母 T.H.W 应是制造厂商的名称缩写，最下方的一串号码通常说明这个产品为限量版(Limited Edition)。我相信世上与它同样的烟灰缸的数量非常有限，难怪我把它请回家以后，再没有碰到过它的同类，想给它找个“老伴儿”遥遥无期。

金属烟灰缸的落款没有统一的要求和规则，除了国名、地名、材料和编号以外，似乎随心所欲，爱写啥写啥。有的落款是几个字母的缩写，让人很难读懂其意；有的就是一个不常见的小图形，要想找到出处得花大量的时间。

如果暂时不谈烟灰缸，其他动物类艺术品中我收藏较多的一是猪，二是兔，因为我属猪，我的妻子小蓓属兔，有位朋友来我们家做客，看着柜子里的小摆饰，曾笑谈那是“猪圈里的兔窝”。我的好友——澳大利亚著名女导演安吉拉·卓别林（Angela Chaplin）专门收藏青蛙，每次去她家，院里院外遍地都是“欢蹦乱跳”的青蛙，最小的像一枚扣子，最大的如同井盖。她也说不清从什么时候开始或者为什么收藏青蛙，反正二十几年下来，她的收藏已经颇具规模，还打算在未来修建一个小型的私人博物馆。看着她把玩那些青蛙，

一口一个 Darling（亲爱的）叫着，真的让人羡慕。她甚至给每一只青蛙起了名字，令人啼笑皆非。她属于杂项收藏中的专项收藏家，而我常常一心多用，除了收藏烟灰缸、猪和兔子小雕塑，有时会搂草打兔子收上几件其他玩意儿，比如花瓶、姜罐和首饰盒。

从早期到现代，动物类烟灰缸的生产和销量一直很大，但对于收藏者来说，识别和鉴定动物类烟灰缸的难度反而挺小，一是烟灰缸上的大部分动物我们都见过，二是“像与不像”是基本依据，三是很多国家生产的烟灰缸愿以自己国家最典型的动物或动物图腾作代表，就像中国以“龙”居首，日本拿“龟”说事儿，泰国和印度常常以“大象”为主。

很早以前入选的“世界十大标志性建筑”分别是中国的万里长城、美国的自由女神像、英国的大本钟、法国的埃

菲尔铁塔、德国的柏林墙、苏联（现俄罗斯）的克里姆林宫、意大利的罗马大剧院、澳大利亚的悉尼歌剧院、埃及的金字塔和柬埔寨的吴哥窟。后来又有二十、三十甚至五十大世界标志性建筑之说，包括迪拜的七星级帆船酒店和北京的鸟巢等都榜上有名。看来“金榜题名”不单单吸引个人，更吸引城市和国家，毕竟建造一座获得国际公认的标志性建筑不是一件容易的事，而一旦建成并得到国际认可，将是所属城市和所在国家的骄傲，并间接地推动旅游乃至经济的发展。

十大也好，二十大也罢，可以肯定地说，所有早期标志性建筑都曾在烟灰缸上出现过，有的是立体物，有的是平面图。通过烟灰缸展现标志性建筑，跟烟灰缸的实际使用功能没有太大关系，主要目的是为了旅游业和纪念品的推广与销售。

早些年，我愿意将一些烟灰缸分门别类地摆在家里展示，每次朋友来访，会自然而然地对它们品头论足、说三道四。那些烟灰缸上的著名建筑物按照实际比例缩小后，大多仿造逼真，人们可以一眼认出这个是克里姆林宫，那个是悉尼歌剧院。有些朋友会根据自身的经历，接着聊一聊他们对某些建筑物的了解和认识，聊一聊他们走进或登上建筑物的兴奋心情和切身感受。通过和朋友们聊天儿，我学习和增长了很多知识，我越发觉得收藏的实际意义是收藏知识、收藏乐趣和收藏情谊。因为收藏，我对世界很多国家的历史、文化和民俗有了进一步的了解；因为收藏，我很少感到寂寞和无聊，反而发现一件有价值的藏品我会爱不释手、喜不自禁；因为收藏，我结识了更多的朋友，彼此相同的爱好加深了相互间的感情和友谊。这就是为什么，我常常建议周围没有收藏经历的朋友们就从今天开始——收藏。

不光是那些著名的建筑物频繁露脸，在烟灰缸上也常常出现我们身边的街头巷尾和普普通通的百姓人家，这类烟灰缸大多不显山不露水，不依靠名声引人注目，但烟灰缸收藏者们却从来不会忽视它们。在金属建筑类烟灰缸中有一个是由红铜（Copper）手工敲制而成的，用黄铜（Brass）做了一些点缀。从其工艺和磨损程度看，至少有50—60年的历史，可能是产自南美洲某一国家，比如巴西或智利。这是一个早期“水房”，两个硕大的水缸守护着一口水井（烟灰缸），水井上方用绳子吊着一只水桶，方圆十几里近百户人家就依赖这口水井维持着生命……。我们可以有另外一种假设：这是一间乡间小屋的切面图，左右两边是装粮食的大缸，中间是炉灶（烟灰缸），炉灶上方是一只悬挂的饭锅，熊熊的炉火正在燃烧……。我喜欢这种“小资情调”，常常清茶一杯，独自面对这类烟灰缸编出不同的小故事。

在未来，只要烟灰缸继续生产和销售，新落成的建筑物就会继续利用它们展现自己的风姿，通过各国之间的进出口贸易和游客们的随身携带，这些建筑物烟灰缸仍旧会环游世界，在地球不同的角落安家落户。当然，并不是每个国家只生产自己本国建筑物的烟灰缸，因为建筑物本身不受版权所限，像早期英国、日本和当今中国、印度所生

NICHOLAS

RICORDO
DI VENEZIA

产的建筑类烟灰缸，几乎没有遗漏任何国家的任何一幢著名建筑，其中中国生产的美国自由女神像烟灰缸，或许比熊猫烟灰缸多出几倍。

西方很多国家的晚间电视新闻模式如出一辙：时事政治、体育节目外加天气预报。由此可见，体育在人们心目中的位置是何等重要。除了澳大利亚人以外，体育迷们应该承认，足球仍是球类运动中的大哥大，紧随其后的是篮球和排球。近些年，随着世界四大国际网球公开赛的声势越来越大，网球迷的数量与日俱增，与此同时，人们不容忽视的是，高尔夫迅速成为热门的体育运动。

我在整理体育类烟灰缸照片的时候，特意将几个打高尔夫造型的烟灰缸放在最前面，好像我要借此机会聊一聊高尔夫和与高尔夫有关的故事。说出来不怕您笑话，在本书出版之前，我一共打过两次高尔夫——一次练习场，一次 18 洞，而且动作和程序都极不规范。我的身边，打高尔夫的朋友越来越多，他们无法理解我为什么不充分利用澳大利亚为高尔夫爱好者所提供的优越环境和优惠价格，为什么一拖再拖迟迟不肯挥杆。我想我会的，只是早晚。

我所收藏的体育类金属烟灰缸里面，竟然没有足球、篮球和排球项目，究竟什么原因，三言两语说不清楚，但这是我收藏中的一大缺憾，特别是对于我这个超级足球迷而言。除了高尔夫以外，我收藏的体育项目烟灰缸还有草地保龄球（Lawn

Bowling）、网球（Tennis)、板球（Cricket）和乒乓球(Table Tennis）。这几项球类运动都是在澳大利亚非常普及的体育项目，而这些烟灰缸只有个别的来自英国，基本上是澳大利亚当地制作的，我是近水楼台先得月，就地取材不绕远。

澳大利亚曾经是英国的殖民地，1901 年独立以后，依然是英联邦国家，很多方面受英国的影响非常深。澳大利亚是一个四面环海的岛国，生活在这里的人们，天生喜欢户外运动。年轻人有高强度的运动，诸如橄榄球、游泳、冲浪之类。而对于年长的人来说，大多选择悠闲轻松的高尔夫和草地保龄球。由于高尔夫球场占地较大，并非随处可见，因此，起源于中世纪英国的草地保龄球传入澳大利亚以后，很快成为中老年人最喜爱的运动。在澳大利亚，草地保龄球俱乐部的数量几乎与澳大利亚各个州的行政社区数量相等，也就是说，每个社区都有一个草地保龄球俱乐部。

我不是有意识地选择和收藏高尔夫和草地保龄球烟灰缸，

更不是有意识地回避足球、篮球、排球，这仅仅是巧合。按说，澳大利亚人无论男女老少最热衷的体育项目应该是澳式足球（Australia Rules Football）和橄榄球（Rugby），可我却很少碰到有收藏价值的烟灰缸，莫非是我不欣赏这两项体育运动的原因所致？也许。就像前面提到的，收藏选项和过程会潜移默化地融入个人感情或偏爱，不承认都不行。

上图是一个手枪造型的烟灰缸，我的朋友都喜欢它，喜欢的同时常问我，它是真的吗？

当然不是，它只是一支仿造的 17 世纪前期法国军队所使用的火枪，也称“后膛枪”。不过，要想一睹这种真枪的尊容并不难，通过谷歌或百度搜寻 Pistola De Pedernal，即可发现大量的资料和图片。

我觉得一把古老的火枪和一个烟灰缸组合在一起很有历史感，也颇具爷们儿气，透着一股原始的粗犷和男人的刚强，这是我当年和它一见钟情的主要原因。虽然它选用的是早期法国军人所使用的火枪，但它产自西班牙，这种金属镶嵌在木料上的工艺很有西班牙的特色，下图展示的大炮与烟灰缸的组合，也能证明这一点。这两门炮，应是古西班牙的火炮，是 16—17 世纪的重型武器。西班牙和法国等国家至今仍完好地保留着一些早期古炮，它们装上火药，随时可以发射，但保留它们，当然不是为了防范战争的重来，而是很多旅游景点包括博物馆的特殊标志，通过它们，可以重温古远的历史，歌颂和平的未来。

我很喜欢一个飞机烟灰缸，它是由子弹壳、机关枪弹壳和炮弹壳打磨焊接而成。有人说这类烟灰缸是战争年代军人们制作的，他们在战壕里等待冲锋号吹响的时候，为了打发恐惧的时光，手工磨制了一些纪念品，准备留给后人。这种说法多

少有些传奇，但“手工制作”是一定的。

1993 年我刚到澳大利亚不久，有一天，意外地在一个角落里发现了一家极不起眼的教会旧货店（OP Shop）。当我推开那扇摇摇欲坠的小门，一眼就看到了高高的货架上摆着那架银色的飞机。我仗着个子高，毫不费力地把它从架子上请了下来，它已经在那里闲置太久了，从头到脚布满灰尘。按照当时的概念，这个飞机烟灰缸的价格最少是 80—100 元澳币，但我却没有在它身上发现任何价格标签。我心里开始嘀咕，如果门口收钱的小老太太开价 80 元澳币甚至更高怎么办？我是不是可以告诉她，我收藏烟灰缸又没带那么多钱，让她发发慈悲，便宜一些卖给我，毕竟它在架子上已经待了很久。我正犹豫着怎么去和老太太开口时，忽然发现一排排旧衣服的架子上有一件旧西服的袖口贴着一张 $20 的标签，我立马心生一计，趁人不备，悄悄将那个标签揭下来，贴在了飞机的底部。我心想：如果 20 元买下这个烟灰缸，那算占了大便宜。我慢慢走向老太太，心率过速，两腿发软。

老太太一脸的慈祥，问了一声“你好吗”，拿起那架飞机直接放进一个塑料袋子里，然后说，One Dollar Please（请付一块钱）。我以为自己听错了，追问一句“多少钱？”老太太笑眯眯地伸出了一个手指头。

我将一块钱放在老太太的手上，立即离开了小店。我真的无地自容，只觉得一个一米八几的汉子比那位干枯瘦弱的老太太要矮小很多。

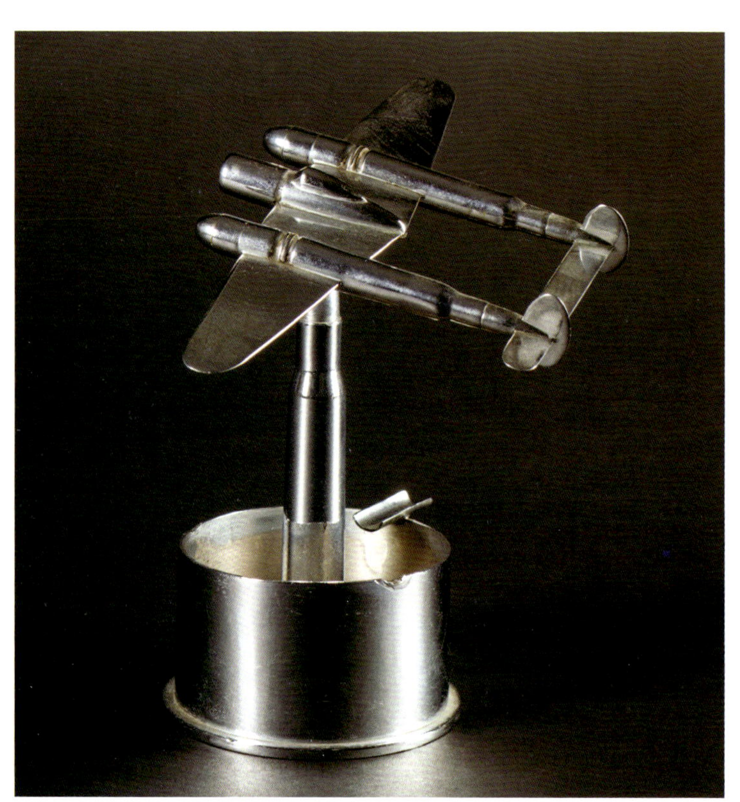

这个故事，我曾经给周围的朋友们讲过多次，听者往往一笑，很少为之动容，而我却始终难忘那段经历，始终要求自己做一个诚实的人。

世界上收藏军用品的人多如牛毛，如有收藏军用头盔、军用服装、军用皮带、军用背包、军用水壶、军用望远镜、军衔、军靴和防毒面具等的，还有人专门收藏子弹壳和炮弹壳。

我收藏了很多炮弹壳，是因为它们已经改制成烟灰缸，起码可以当烟灰缸使用。它们的底部大多刻有年份，类似 1927 年、1941 年、1945 年和 1959 年。人类绵长的历史，战争接着战争，不计其数的炮弹壳到底是哪一场战争的废弃品，又是通过什么渠道被人们收回并加工成烟灰缸，我们不得而知。我们可以清楚地看到，炮弹壳上除了年份，还有一些文字和编号，它们都有说头，包括生产国、出厂代号和口径等，对于识别和鉴定有很大帮助。

简言之，炮弹壳包括炮弹壳改制的烟灰缸独具收藏价值，因为它们所面对的不单单是烟灰缸收藏者，更是各个国家的战争纪念馆、军事研究机构、军用品收藏家以及铜制品收藏爱好者。

4·5IN HOWR
III
Lot
16
AG/C
40MM II
1942
25 Pdr
II
1941 CF

1959
1959
RM/C

金属饰物烟灰缸林林总总、包罗万象，包括前面所谈到的烟灰缸似乎都有资格摆在桌上或挂在墙上供人欣赏，因为它们是与众不同且具有装饰功能的艺术品。书中所列举的烟灰缸的装饰性更加明显，而实际使用价值却容易被人忽略。

一般来说，传统厨具的概念无非是锅、碗、瓢、盆，烟灰缸以厨具为原型，生产最多的则是锅。很多锅尤其是那些老锅都是单把手，附带锅盖，烟灰缸的设计者们便模仿了这些细节。有的锅形烟灰缸的大小与真锅相似，用它们摊个鸡蛋、烙张饼应该不成问题。从另一个角度讲，它们让人承认它们是烟灰缸而不是锅的重要依据，就是锅口上的烟托（或称烟槽）。

那只由红铜制作的锅形烟灰缸，用料实在，做工讲究，它产自荷兰，三角黄铜支架（底部的爪子）和木柄色彩呈现出早期荷兰手工艺品的特色。另外两只用黄铜铸成的锅形烟灰缸

的年纪应该是最老的，我采纳一位铜器收藏家的建议，没有轻易给它们打磨和抛光，让它们终年挂着“历史的风尘”。

相比之下，黑色烤炉烟灰缸应该是个“90后”，记得它的底部曾经有一张“Made in China”（中国制造）的胶条，时间久了，已经脱落。我猜此类产品是中国特意为澳大利亚人民生产的，不仅因为澳大利亚的吸烟者的比例较高，也因为BBQ（烧烤）在澳大利亚人的日常生活中占据着非同寻常的地位，几乎每个家庭都有烧烤炉，每个公园都提供免费的烧烤设施。确实，澳大利亚气候宜人，每到周末和公共假期，人们呼朋唤友到户外烧烤，或在林间树下，或在河滩海滨，架一个烧烤炉，来两瓶苦啤酒，聊聊家长里短和远近新闻，享受的不仅是美食，更是阳光、空气和简单快乐的岁月。所以说，烧烤是澳大利亚人一项主要的社交活动。

称图中这几个铜质烟灰缸为“卫具”，是为了顺着上面“厨具”的说法，实际上是卫生间（洗手间）里面的基本设备，而这套设备还挺全。这组卫具四套件的实际大小跟火柴盒差不多，也就是说，拿它们装烟头和烟灰，容量非常有限。它们虽是铜铸的，但摸上去却光滑细腻，有骨瓷那样的手感，很肉头。类似马桶形状的那个烟灰缸，还有其他材料制成的，比如瓷或者塑料，但都没有这个可爱。它太像了，像一个真正的马桶，让人产生坐上去的欲望。而它的水箱，可存放火柴盒或者使用过的火柴棍。同前面提到的翻盖烟灰缸一样，将烟头扔进“马桶”里，把盖子盖上，可适当减少烟味的扩散，也相对安全。

我相信这组烟灰缸是早期的广告类产品，是某家制造卫生间用具公司为吸引客户而精心设计的，不过能与它们媲美的相同产品，市面上很少见。

我特意把金属帆船和船锚烟灰缸分出一类，不是因为我会驾驶帆船，实际上我对各种船只和航海知识一窍不通。我所收藏的几十个帆船烟灰缸中，有几只帆船的船帆，能够以桅杆为中轴 360 度旋转，很像行驶在江河或大海中的船只，随着风向或顺水推舟或逆流而上。这类手工艺品从设计到制作均是匠心独具，观赏与收藏相得益彰。

细看那只铁锚造型的烟灰缸，通过上面的文字可以证明，

那是澳大利亚历史上引以为豪的轮船马努拉（Manoora）所使用的船锚。马努拉是1929年由苏格兰建造的，它是当时澳大利亚阿德莱德船务公司最大的一条船，曾参加过第二次世界大战，退役后仍旧在相关海域航行多年。我相信阿德莱德应该有一个以“Manoora”命名的航海俱乐部，各类照片、实物分别记载和展现着这条大船辉煌的历史。烟灰缸只是这类俱乐部中一种纪念品，还会有明信片、胸章、怀表、铃铛、油灯、放大镜、望远镜、啤酒杯、微型救生圈，均是值得收藏的选项。

以一艘英国客船的船锚为造型的烟灰缸，也颇具收藏价值，相信未来很难再有相同的纪念品诞生。该船船名是喜马拉雅（Himalaya），建造于1948年，隶属英国半岛和东方轮船公司，当年主要运营在英国和澳大利亚海域。它在退役前，于1974年10月30日抵达悉尼，完成了历史上的最后一次航行。1975年它被中国台湾高雄的一家钢铁公司收购，从此在人间消失。

是的，喜马拉雅已经不存在了，可是有关它的纪念品就像它的传奇故事那样，仍在世间流传，而通过这么一个小小的烟灰缸，让我了解和记住了一个当年在海上乘风破浪的庞然大物，单从这个角度讲，我没有任何理由不坚持我的收藏。

我年轻的时候，对印度印象最深的就是他们的电影，像《流浪者》和《大篷车》等，那时候就觉得印度演员是真了不起，能唱能跳还能露肚皮。1992年到了澳大利亚以后，我找到的

第一份工作就是在一家印度餐馆刷碗，那是我和印度人最近距离的接触。

在澳大利亚的街头巷尾，随时会碰上印度人，他们和中国人一样，很愿意在这个国家安营扎寨。早先的一个权威数字显示，超过百分之二十八的澳大利亚居民是在其他国家出生的，前十名移民排列顺序为：英国人、新西兰人、中国人、印度人、菲律宾人、越南人、意大利人、南非人、马来西亚人和德国人。印度人位列第四。

不但移民人口紧随中国，像中餐一样，印度餐馆也是见缝插针，遍布澳大利亚。如果到那些中低档服装鞋帽店中转悠，除了大量的“中国制造”，常会发现 “印度制造”的产品在夹缝中求生存。我总觉得印度人一定为自己的国家和人民感到无比自豪，因为他们生产的任何产品都会理直气壮地打上 Made in India（印度制造）的标记，我所收藏的印度黄铜烟灰缸也能证明这一点。

说到印度产品，首先会让人想到印度神油，除此之外，印度的主要特产还有印度丝、银饰、纺织品、印度毯、香料、珠宝、古董、檀香、皮件及手工艺品。印度早期的手工艺品，有很多由黄铜铸造敲打而成，类似花盆、花瓶、塑像、餐具和茶具等。印度人也像中国人一样喜欢喝茶，有所不同的是中国

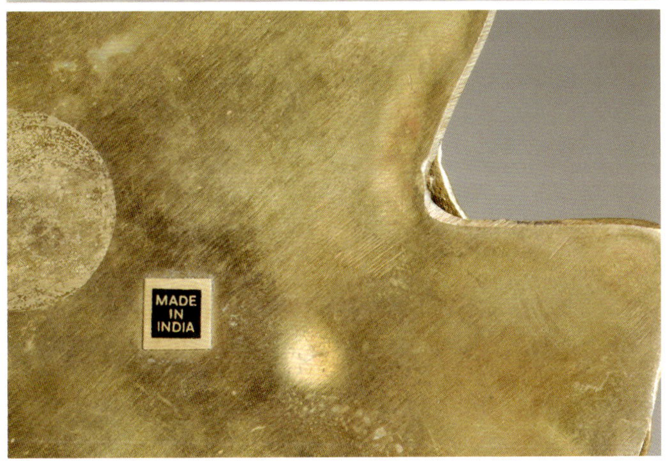

人喜欢用陶瓷、紫砂器皿来喝茶；印度人则喜欢用黄铜容器。据说，印度人喝茶都是煮茶，还要加入奶和糖，黄铜可以带出这种茶的独特香气。

无须看商标，我基本上可以凭借外部特征辨别印度的金属制品，尤其是黄铜烟灰缸。首先，它们的做工比较粗糙，总让我觉得制造者没有耐心精打细磨，可能是新德里（New Delhi）天气太热的缘故。其次，印度黄铜产品的花纹比较琐碎、死板。最后，印度的黄铜往往黄得不够高贵，有些偏色，很像中国的黄连素药片的颜色。还有一种说法，因为印度人喜欢佩戴 24K 金的首饰，所以他们生产的黄铜也尽量跟纯金靠色，无论是挂在身上还是摆在家里，都显得 Rich（富有）。

说归说，我还是收藏了相当数量的印度黄铜烟灰缸，因为它们便宜，而本书所选择的几个印度烟灰缸是我认为的“精

品”，比如衬衫领口佩戴蝴蝶结的造型，构思新颖独特、打破常规，工艺水准也说得过去。

金属类烟灰缸中有一些没有细致分类，它们的生产年份不一，造型各异。从那些底部带有标记的烟灰缸可以直接辨认出它们的生产国，其中有一些较为稀有。上图那个树根造型的红铜烟灰缸，是我在一家古董店发现的，当时它的上面贴了一个小标签，大意为：1948 年，Wilmer Richter（威尔默·里赫特）手工制作。我不知道这位威尔默是何许人也，便向店主询问。店主用一种不解的眼光看着我，你真的不知道他是谁？他是非常有名的画家，美国人。

我猜这位美国人一定很有名，否则店主不至于动用那种表情，我便打肿脸充胖子，花高价买下了这个烟灰缸。回到家，我大致查了一下，很快发现一些有关威尔默·里赫特的英文介绍：年轻时做过平版工和插图画家，后来成为美国较为著名的风景画家，他的父亲是德国人，所以他沿用了他父亲的姓氏“里赫特”。1891 年他在美国的宾夕法尼亚州（Pennsylvania）

东南部的港口城市费城（Philadelphia）出生，1993 年死于佛罗里达州（Florida）的莱克兰（Lakeland），那年他 102 岁，属于长寿画家了。

无论是鼎鼎大名还是有待出名的油画家，绝大部分都会在自己的作品上签名，有的会捎带写上绘画年代，但在烟灰缸上落款的微乎其微，毕竟烟灰缸不是单纯挂在墙上仅供欣赏的艺术品，它们有自己特殊的属性和职责。

这个树根烟灰缸买回来不久，我曾经怀疑它的底部签名的真实性，或者说，签名不是出自于我所期待的那位大画家之手，而是由他人“代劳”。但我当时没太在意，毕竟我也喜欢这个造型，它在我的藏品中独树一帜。

当我再次通过互联网查询的时候，便发现了其中的破绽：这个签字，绝对不是威尔默·里赫特的亲笔，而是后人模仿。我的理由有三：其一，威尔默·里赫特的绝大部分签字都会在 W 后面加上一个“.”，烟灰缸上的签字没有。其二，除了 W 以外，他通常会签上 W. S. Richter，这是他的全名的缩写，即威尔默·齐格弗里德·里赫特（Wilmer Siegfried

Richter）；其三也是最关键的，这个烟灰缸签字的走笔和风格与他在画作上的签字有明显的不同，就是模仿，其模仿者的水平也属于三流。

我不认为当年那位店主有意欺骗我，要么他在收购那个烟灰缸时，被别人忽悠了；要么他本身缺乏专业的鉴定知识，一时看走眼了。无论如何，我丝毫没有后悔，毕竟通过一个小小的烟灰缸，我又多认识了一个具有国际知名度的早期画家。

咱们中国人聚餐时，都愿意围桌而坐，这和中餐的传统吃法有一定关系：六碟八碗、合而食之。而西餐常是分餐制，互不干扰、分而食之。基于这个原因，为西餐形式特意设计的手托烟灰缸便应运而生。手托，顾名思义就是用手托着的玩意儿，尺寸很小，适宜走动。

早先在室内可以随便抽烟的时候，烟灰缸是各家中餐厅必备的用具，有求必应，随叫随到，很多包间的桌子上，索性人前一个，爱用不用。很明显，手托烟灰缸不适合中餐，更适合西餐，因为一些以西餐为主的场所包括酒吧、家庭在聚会时甚至不提供椅子，人们举着酒杯三五成群地聚在一起，有的烟民则手托小巧玲珑的烟灰缸，一边吞云吐雾，一边东走西聊。

像意大利生产的翻盖小铜鞋就是早期备受烟民宠爱的手托烟灰缸，因为它的造型独特，托在手上涨姿势，每抽完一支烟，可将烟头藏在“鞋”里，既方便又雅观，而它的尺寸也算适中，装上8—10个烟头应该不成问题。而土耳其

MADE
ITALY

TÜRKEY

（Turkey）生产的铜质手托烟灰缸，体积甚小，上面镶嵌的人造红宝石又夺人眼目，相信没有人会把它当作烟灰缸使用，只是一个旅游品，留作纪念。

随着越来越多的公共场所特别是室内禁止吸烟以后，手托烟灰缸也因为体积太小又容易丢失，很少在各种聚会中出现了，但是很多国家依然没有停止生产，因为它们毕竟是便于携带的旅游纪念品，也为烟灰缸收藏者提供了一个特殊的收藏类别。

与自由散漫的手托式烟灰缸正好相反，立式烟灰缸更像忠于职守的哨兵，笔挺挺地钉在自己的岗位上，比如客厅的茶几旁或办公室的写字台上，需要的时候，它们是烟灰缸，不需要的时候，则是自成一体的装饰物。

我记得刚刚买到这把刺剑烟灰缸的头几天，真的有些爱不释手，像个孩子得到一件心爱的玩具，时不时拔出来比划几下，假装大侠佐罗。它产自意大利，做工谈不上细腻，但

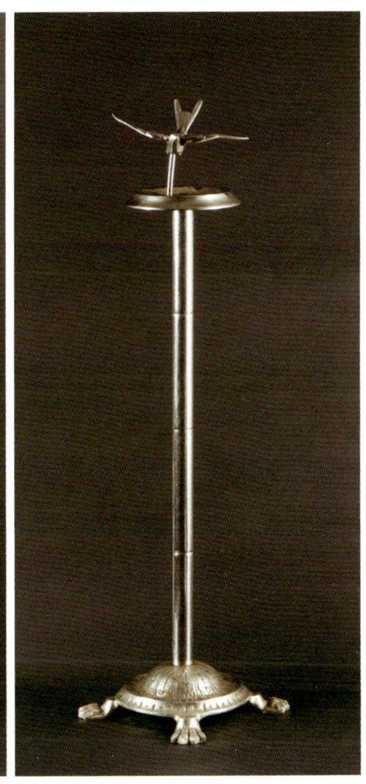

零部件绝不缺斤短两，剑身、护手和剑柄均有模有样，以假乱真。我不认为它可以当武器（凶器）使用，毕竟不够锋利，也缺乏真剑的韧度和硬度，而当烟灰缸使用，又有些可惜，恐怕它的最佳用途，除了摆设则是收藏。

同样，古老的蛇形立式铜质烟灰缸也不多见，我以为设计者最为精彩的一笔是蛇尾盘成的不规则的圆形底座，自然流畅，不矫揉造作，而且起到了稳定整体的实际作用。除此之外，出现在烟灰缸中心的蛇头也具有动感，栩栩如生，整个作品给人恰到好处、一气呵成的感觉，是一件十分珍贵的艺术精品。我的一个朋友第一次拿起它，脱口而出：这么一个家伙，就是卖废铜烂铁也能卖出不少钱呀。他说得没错，这条蛇的分量不轻，加上早年纯铜手工制作，不敢说千载难逢，但却罕见稀有。

有一个多用途立式烟灰缸，当年的拥有者一定把它摆在了最适当的位置：壁炉旁。是的，它是一个早期壁炉工具架和烟灰缸的组合，通过它，可以联想到那种老式壁

炉——室外冰天雪地，室内炉火熊熊，红砖砌成的烟囱冒着缕缕青烟，一家人围坐在壁炉旁，吸着粗壮的雪茄，喝着浓浓的咖啡。遗憾的是，壁炉“三件宝”中的火钳丢失了，只剩下火铲和磨秃的扫帚，致使这件藏品美中不足，留下了永久的遗憾。所谓组合，即多种用途，就像壁炉工具架外带立式烟灰缸，它可以铲、夹、扫干柴和炭灰，还可以当烟灰缸使用。当然，这种组合要对不同的部件选择适度，比如酒具、餐具就不易和烟灰缸混搭在一起，虽然它们常常在同一场合同一时间出现，但彼此最好敬而远之，各忙各的事儿，各干各的活儿。

说到这儿，我忽然想起经常在餐馆（尤其是中餐馆）见到的一种现象：个别人在吃饭时，愿意将抽完的烟头扔进剩茶杯或用过的碗碟中；又有人将啃完的骨头或吐出的鱼刺搁在烟灰缸里。他们可能觉得自己这么做，既聪明又“文明”，比将那些垃圾直接扔在桌上或丢在地上干净很多。不知咋的，我每次看到这种现象，都会觉得恶心、反胃。当今社会，真的应该制止和减少这种驴唇硬要对马嘴的行为，杜绝这种

“伪文明”的现象屡屡发生。

火柴座与烟灰缸成为连体婴儿，是最适当、最完美的组合，因为抽烟需要火，而抽烟过程中和抽完烟又需要给烟灰烟头找一个合理的去处。我曾经谈到，在打火机发明、使用和盛行之前，吸烟者点烟，完全依赖火柴，而光带烟忘带火的现象时有发生，直至今天，我们依然可以看到街头巷尾烟民们相互对火的那番景象。

我曾经是个烟民，曾经有过只带烟没有火的经历，当烟瘾上来的时候，那股子着急劲儿难以形容，比没带烟没带火还难受，恨不得把烟直接塞进嘴里就当口香糖了。当然，早期发明和制造这种火柴座烟灰缸的主要原因，还是以装饰为先，方便为辅，不排除设计者们本身就是烟鬼，遇到过有烟没火的尴尬。

单一的火柴座与烟灰缸凑在一起，合情又合理，而烛台、镜框、火柴座和烟灰缸相组合，则是出人意料之外的创意。虽然我收藏的年头不短，但类似图中展示的那种组合烟灰

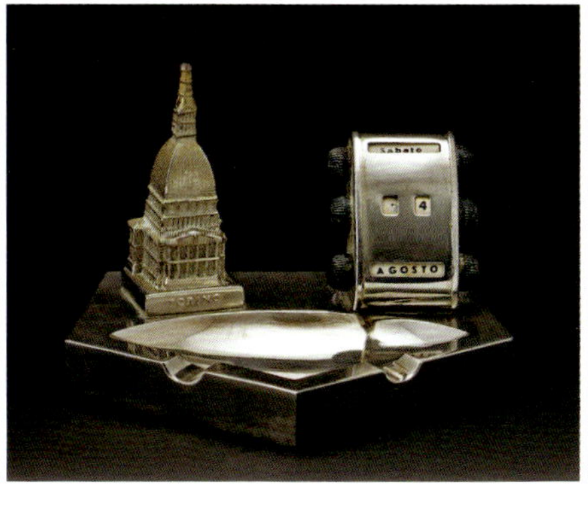

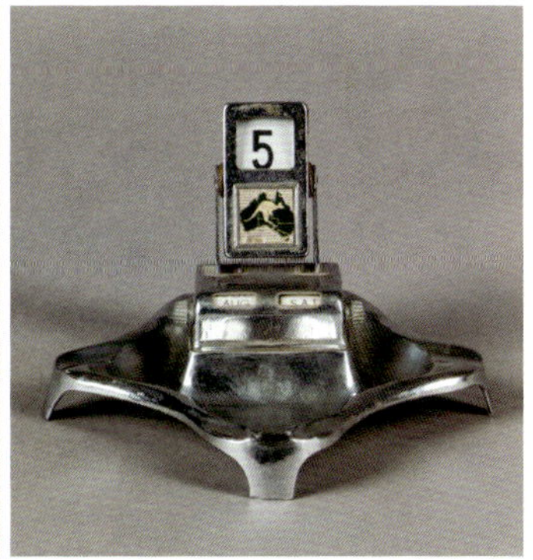

缸是我目前所发现的唯一，它除了年代已久，有明显的磨损和划痕以外，所有零部件均是完整的，就连镜框里面的画片都应该是原装的，因为那种具有伊斯兰风格或罗马教堂式的圆顶建筑群与烛台的造型近似，甚至让我相信，那个烛台就代表着建筑群中的某一座建筑。这个独特的烟灰缸由英国制造，生产年代大约在 19 世纪末期。

台灯式烟盒（罐）与烟灰缸的组合也不同凡响，“台灯”本身仅是一个装饰物，只要将灯罩顶部的小圆球向上一提，几十支烟卷就会像花卉一样绽开。这个设计颇为奇特，很适合家庭使用，特别是给客人敬烟的时候，同时献上一个小小的惊喜。

与烟灰缸成为一体的还有台历、建筑物模型、打火机、烟盒、小轮盘和指南针等，而这些仅仅是我个人的收藏，我相信一定有更多更多不同类型的组合。需要感谢的是那些默默无闻的设计者，他们在组合烟灰缸方面花费了不少的心血，为收藏者提供了更广泛的“狩猎”空间。

我不厌其烦地描述组合

烟灰缸的特点和用途，目的是想进一步说明，收藏和欣赏烟灰缸可以有截然不同的角度，有多层面的视野，因为千奇百怪、林林总总的烟灰缸所容纳的强大信息，已经完全超越了我们的想象。

现如今，我在家里很少摆放烟灰缸，有抽烟的朋友到访，我会拿个瓶瓶罐罐对付一下，说我收藏烟灰缸，很多人都不信，特别是第一次来我家的朋友。可是，当我随手翻出一两个烟灰缸在他们面前“炫耀”的时候，他们往往会瞪大双眼，跟着一声“我的天哪”。我知道，他们不相信烟灰缸会是这样，也可以是那样；他们更不相信，烟灰缸还可以和其他物件拼成一体而且恰到好处、天衣无缝。

我曾试图让摄影师为我收藏的每一个烟灰缸拍个特写，以便不偏不向、面面俱到；我也试图选出更多的烟灰缸逐一点评，向读者提供更多的信息，与同好进行更细致的交流。但是，我没有做到，也不可能做到，毕竟我的烟灰缸收藏数量太大，而一本书的容量又太小。基于这个原因，我索性将材料相同或相似的烟灰缸稍作归类，拍几张集体合影，我相信这种合影也会产生另一种功效，比如视觉冲击力，但愿这种冲击力可以刺激和鼓舞正在收藏或打算收藏的读者，一旦目标确定，只需持之以恒，相信日积月累，必将积少成多，总有那么一天，你会看到你所期待的成果。

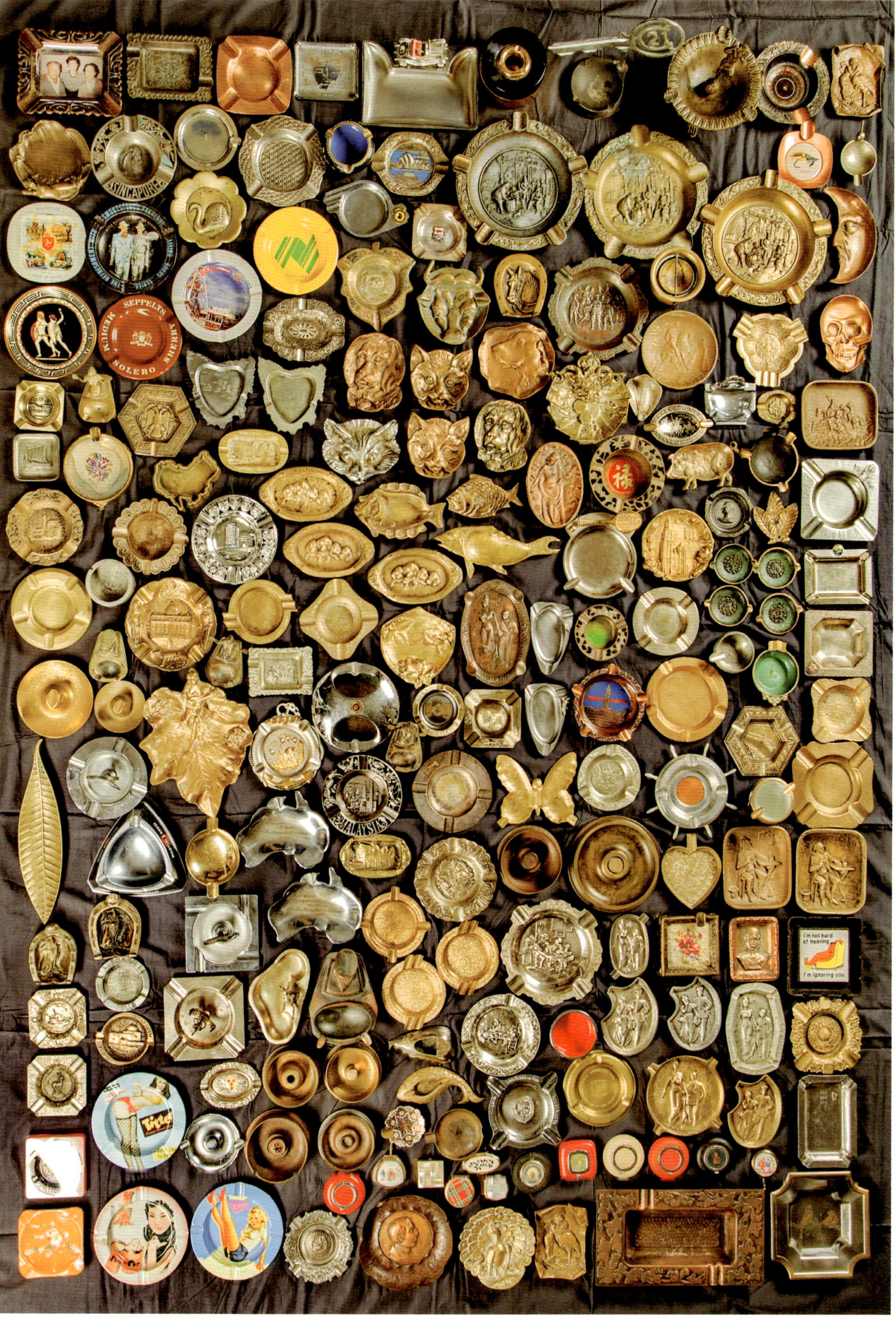
SINGAPORE
SEPPELTS
MEDIUM SHERRY
SOLERO
MALAYSIA
I'm not hard of hearing
I'm ignoring you

National Australia Bank
THE BIG COW
PENFOLDS WINES
DALWOOD
LONDON
Tower Bridge

尽管在本书的前半部分我首先聊到金属烟灰缸，但陶瓷烟灰缸才是我藏品中的主力，约占总数的五分之三。

我相信，从早期到现在，世界各国所生产的不同材料的烟灰缸中，陶瓷产品应该是最多的。需要明确的是，这里所说的“陶瓷”，是笼统的含义，习惯的说法，实际上“陶瓷”这个名词应该一分为二，因为陶器（Pottery）与瓷器（Porcelain或China）在本质上是两种不同的器物。简单而言，人们通常把胎体没有致密烧结的黏土和瓷石制品，不论是有色还是白色，统称为“陶器”，而把经过高温烧成、胎体烧结程度较为致密、釉色品质优良的黏土或瓷石制品称为“瓷器”。陶器的坯体即使比较薄也不具备半透明的特点，例如龙山文化的黑陶，薄如蛋壳，却并不透明。而瓷器的胎体无论薄厚，都具有半透明的特点。中国传统陶瓷的发展经历过一个相当漫长的历史时期，种类繁杂、工艺特殊，所以，对中国传统陶瓷的分类除考虑技术上的硬性指标以外，还要综合考虑历来传统的习惯分类方法，结合古今科技认识上的变化，才能更为有效地得出归类结论。

虽然陶器和瓷器是两种不同的物质，但它们之间存在着密切的联系，如果没有制陶术的发明及陶器制作技术不断改进所取得的经验，瓷器是不可能单独发明的，也就是说，没有陶器的诞生就没有瓷器的继承。而瓷器出现以后，并没有独断专行，反而给陶器继续生产留有足够的空间，致使它们各自独立发展，平分秋色。随着时代的变迁，陶瓷产品早已从单纯的生活用品逐渐演变成生活艺术品和艺术收藏品。

为了便于描述，我擅自将陶器和瓷器类烟灰缸混为一谈，因为它们原本就有血缘关系，而且不易区分。不过，像澳大利亚本迪戈（Bendigo）生产的陶器，我只能提溜出来单聊，因为本迪戈的陶器色彩独树一帜，质感与众不同。

识别和鉴定陶瓷类烟灰缸较之金属类相对容易，包括它们的生产国、出产地、品牌、年代、风格和色彩等，这是因为很多陶瓷制品在底部或侧面有清晰的标记，而那些被世界公认和民众普遍宠爱的名牌产品，类似英国的皇家道尔顿（Royal Doulton）、法国的利蒙治（Limoges）和德国的巴伐利亚（Bavaria）等，绝对不会轻易改变自身的设计风格和色彩特征，只有这样，它们才能在竞争激烈的陶瓷领域独领风骚，保住自己的霸权地位。

中国是历史悠久的文明古国之一，对人类社会的进步与发展做出了许多重大的贡献，中国在陶瓷技术与艺术上所取得的成就，也具有特殊的意义。早在欧洲掌握制瓷技术之前一千多年，中国已能够制造出相当精美的瓷器，所以说，中国是瓷器的故乡，中华文化发展史中的一个重要组成部分是陶瓷发展史。同时，中国人在科学技术上的成果以及对美的追求与塑造，在许多方面都是通过陶瓷制作来体现并形成了各个时代非常典型的技术与艺术特征。

1997年，在海外漂泊近八年之久的我第一次回国探亲，出于好奇，我特意将行程定为从墨尔本起飞途经香港，然后

XONEX CLEVE OH MADE IN CHINA

在广州坐火车到北京。那是我第一次去香港，正赶上如火的夏季，每每出门，天气闷热潮湿、浑身大汗淋漓。虽然如此，我依然不弃不舍地走街串巷，寻找古董店、寻找烟灰缸。

那个蓝白瓷烟灰缸是我当年在香港买的，因为我不懂广东话，店主不愿说普通话，都是中国人的我们只好用英语沟通，磕磕巴巴。那天，店主摆出一副古董鉴赏专家的派头对我说，“它是清代的产品，有收藏价值，我已经打了百分之五十的折扣，如果你喜欢，350 元港币拿去好啦。”令我不解的是，店主并不知道这个烟灰缸的主题绘画“三个和尚”是依据中国民间谚语而设计，但他却一口咬定它有近百年的历史。

我对蓝白色调特别是青花瓷（blue and white porcelain）有一种特殊的感情，因为青花瓷是源于中国遍行世界的白地蓝花的高温釉下彩瓷器，它清新明快，质朴大方，不仅是工业化之前影响最广的瓷器，还被视为中华民族审美理念的代表。正因为如此，真正有年头的青花瓷烟灰缸不易碰上，我的手头一个没有。而眼前这个烟灰缸，虽然不是正儿八经的青花瓷，起码是蓝白色调，只不过它绝不是香港店主所说的产自清代，而是当代制品，在当时超不过十年的历史。为了给自己留下一个“香港记忆”，我最终花了 250 元港币买下这个烟灰缸，它也是我香港之行的唯一收获。

回到北京，我迫不及待地杀向慕名已久的潘家园古玩市场，瞪大双眼，在一个个紧密相连的地摊上寻猎。那个时候，收藏烟灰缸的人微乎其微，按照市场运营的一般规律，少有人买则稀有人卖，潘家园上百个大小不一的地摊上，就很难发现一两个值得一看的玩意儿。当我即将绝望的时候，在一个角落里，我居然发现了它——“三个和尚”，而且，它和我在香港古董店买的那个一模一样。我没想到的是，摊主开价才 50 元人民币，而我最终用 25 元与其成交。哈哈，明明是同出一炉的哥儿俩，哥哥的身价 250 元港币，弟弟才值 25 元人民币，我真的不知道上哪儿去论这个理儿，只好把“香港委屈”埋在心里。

我之所以又买了一个“三个和尚”，理由一是北京的这个比香港的那个便宜很多；二是陶瓷制品易在搬运中磕碰和损坏，留一个备用的并不多余；三是一旦有机会，我可以用它进行同类藏品的交换；四是中国人常说好事成双。基于这四点考虑，我的藏品中，最少能找出五十对一模一样的孪生兄弟或姊妹。

细一观察不难发现，当今中国生产的烟灰缸除了那些赝品，很少将中国人自己的头像或全身像放在上面，却生产了很多类似猫王、梦露形象的廉价货。而西方国家恰恰相反，烟灰缸生产厂家常挑那些有身份地位的人比如英国皇室成员的头像放在烟灰缸上。我说不准早期生产的头像或全身像烟灰缸是否存在肖像权之说，但我相信那些达官贵族不会计较这些细节，他们或许会认为这也是一种荣誉，是被人们所尊重的荣誉。从这点来看，东西方文化存有明显的差异。

我收藏了相当数量的不同国家、不同时期生产的人像烟灰缸，因为我喜欢琢磨上面的那些人物——这个是哪位，那个又是谁？绝大部分烟灰缸所选用的人物形象是依据照片或油画写实翻印而来，很容易辨别出张三李四王二麻子，而采用素描和卡通图像的抽象人物烟灰缸，则是另一个热门选择。

众所周知，英国生产陶瓷的历史悠久，名牌厂家众多，陶瓷的质量和产量在世界上名列前茅。英国陶瓷制品在澳大利亚也是举目可见、遍地都是，包括人们日常生活中所使用的碗碟和茶具。

下页图是一对“双胞胎”烟灰缸，人物、形状和尺寸完全相同，唯一的区别就是颜色。有意思的是，我不是在同一时间发现的它们俩，期间相隔了几年。我猜测这个产品或许是三胞胎甚至四胞胎，说不定哪天又蹦出另外的一个。烟灰缸上的三个人物均为英国历史上行为古怪、具有传奇色彩的海盗，他们的故事经常出现在各类文学和影视作品中，从某种角度讲，他们的知名度远远超过了英国历史上一些保家卫国的民族英雄。生产厂家斯特林陶器公司（Sterling Pottery Co.）则是英国的一家老牌公司，创立于 1792 年，以生产中低档价位的茶具、咖啡具和微型的托比人物罐（Toby Character Jug）而著称。

这对烟灰缸大约诞生在 20 世纪 50 年代初期，因为在 1950 年，斯特林陶器公司被里奇韦有限公司（Ridgway

Ltd.）收购并正式成为“劳利集团”（Lawley Group）的一分子。从那个时候开始，斯特林陶器所生产的任何产品，必须同时打出“英国劳利集团”的标记。这也是一些英国品牌瓷器的显著特点，公司之间的并购，致使两至三个公司的名称同时出现在一个产品上，不像咱们中国，比如景德镇，最多加上“江西”二字。虽然这对烟灰缸至今才有六十多年的

历史，但它们独具收藏价值，因为烟灰缸与其他陶瓷类产品相比，销量原本不高且正在逐年下降，斯特林陶器公司生产此类产品的数量非常有限，随着时间的推移，它们的兄弟姐妹免不了磕碰坏损，而这一对却完好无缺。

一旦说到法国瓷器，率先在脑子里出现的是利蒙治或者利蒙治卡斯特（Limoges Castel），和中国的景德镇瓷器一样，利蒙治是法国国家标志性的瓷器品牌。

我记得曾和一位澳大利亚当地作家细数了一下英语会话中频繁出现的中文字词，或者说，用汉语的谐音直接表达的词汇和名称，比如“豆腐”，虽然书面英语译成 Bean Curd，但绝大多数外国人更愿意说 Tofu，发音与“豆腐”非常近似，而且从外国人嘴里蹦出来这两个字，挺滑稽。还有像 Yumcha（饮茶）、Fengshui（风水）、Qigong 或 Chikung（气功）、Kungfu 或 Gongfu（功夫），甚至李小龙和成龙拍摄的“武打电影”都被说成 Gongfu Movie。很多外国人居然会说 Jingdezhen Porcelain（景德镇瓷器），显然“景德镇”太中国也太有名了，英文字词没资格替代。

同样，“利蒙治”在英语发音中和法语非常近似，也就是说，没有必要将法语的 Limoges 译成英文。利蒙治是世界著名的法国古典工艺瓷器品牌，特别是早期的每一件产品，均以最传统的方法，将路易十四的宫廷图案手工镶绘及 22K 黄金装饰，每件精品都配有一份工艺质量保证书，杜绝次品流入民间。利蒙治的主要产品有瓷瓶、瓷盘、水壶、糖果盒等，此外还有胸针、项坠及各种精美挂饰。早在 1921 年，利蒙治瓷器就获得了伦敦“世界工艺艺术品博览会”金奖，同年在法国“工艺艺术品博览会”上还获得银奖。利蒙治的设计者通过每一件精心制作的产品，传达着法国人所特有的浪漫，几乎每款设计都述说着一个动人的故事。

随着时代的变迁，利蒙治烟灰缸已经打破了利蒙治多年所维系的传统设计中所展示的那种富丽堂皇，按照现在的话说，越来越接地气，更亲民。

下页图第一张为我们展示了在法国的乡村，劳累一天的村夫躺在田间地头小憩，不知不觉伴着夕阳昏昏欲睡。前来送饭的村妇调皮地躲在树后，用枝条挑逗丈夫……。这个非常大众化的民间小景，能够被利蒙治——专门制作皇家瓷器的设计师所引用，我真的想说，这是法国瓷器的“工业革命”，一个伟大的突破。坦白地讲，当我收藏了这个乡村小景的烟灰缸以后，我发现那些早期的利蒙治宫廷景象的烟灰缸，反而变得雷同、刻板，缺乏生命的活力。

不过，日本人不会同意我的这个观点，因为他们模仿和复制了大量的利蒙治早期宫廷风格的瓷器，好在日本人还算诚实，在每件产品的后面均打出 Japan（日本）的字样，否则他们生产的利蒙治产品绝对能够蒙混过关，毕竟日本也是历史悠久的陶瓷大国。

我一直认为日本民族是一个“虚心好学”的民族，所谓

MADE IN
LIMOGES
FRANCE

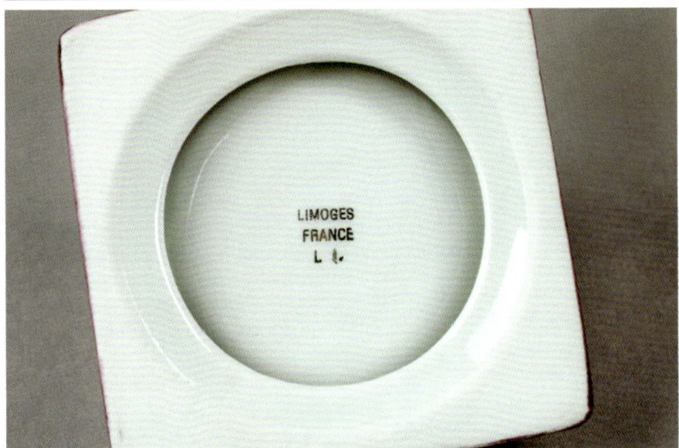
LIMOGES
FRANCE

Principaute de Monaco

虚心，见人先点头哈腰，满脸堆满了虔诚；所谓好学，见好东西先拿过来，然后边学边用，像早期中国的汉字和近代法国的瓷器，日本人学得就很好，很像。

据说汉字是于公元 5 世纪随着一些佛教僧侣将中国的经书带到日本而传入的，汉字传入日本后，填补了日语没有书写方式的空白，在相当长的时间里被作为官方文字来使用，早期的正式书函、文献、历史、文化典籍都是用汉字书写的，例如古典名著《古事记》《日本书纪》《万叶集》等。与此同时，汉学功底则被作为评价一个人修养的标准，长期受到上层阶级的追捧，汉字崇拜的风潮也自上而下地普及开来。千百年来，日本人除使用汉字外，还对汉字加以改造，使之更适应自身的需求。

虽然日本人民很愿意向别人学习，但他们不愿意别人学习他们，就拿我收藏的几个可以晃动的烟灰缸为例，每个烟灰缸上除了印有“日本制造”以外，还附加标明“PATENT T.T.”。PATENT 通常是指产品的专利权，是政府为了保护生产厂家在某一时期的发明，限制他人在未经许可的情况下擅自仿制。虽然这种“摇头晃脑”的设计在工艺品、日用品甚至玩具中早被世界各国频繁运用，但是谁要敢制作一个有同样功能、同样造型的烟灰缸特别是在那个年代，就有可能遇到麻烦，因为人家日本人有话在先，这类设计归我独有，未经许可，不得效仿。

日本人挖空心思保护自己的设计，有一定的道理，远的

不提，就说我收藏的几个烟灰缸，它们在我所有的陶瓷藏品中很是夺人眼目，因为与众不同。通过照片不易看出它们的精彩之处，但捧在手上近距离观赏外加轻微摇晃，它们的某些部位将随之摆动、悠然自得。像那对姊妹花，设计者没有采用具有日本民族特色比如穿着和服的艺伎造型，而选择了金发碧眼的梦露式的洋妞儿，她们旁若无人地坐在海边沙滩椅上，玉腿高跷，秀扇轻摇，妩媚多姿，欲仙欲飘，令人爱不释手、百看不厌。

这类烟灰缸诞生在二十世纪三四十年代，一直受到收藏者的热捧，虽然当年的产量比较大，但经过六七十年的颠簸流离、磕磕碰碰，至今完好无缺的非常有限，我见过太多的缺胳膊断腿的同类产品，它们的出售和收藏价值将大打折扣。

同样产自日本的小顽童的头部也是活动的，以其脖子为中轴，只要轻轻一碰，他会晃动很长时间。在他晃动的过程中，孩童天真、顽皮的神态更是显而易见。遗憾的是，他的小鸡鸡丢了，它原本也是晃动的，现在却剩下圆圆的小洞。我的一位心灵手巧的朋友想用硬木削一个小鸡鸡给他安上，我谢绝了。借此建议与我有同好或打算收藏的朋友们，如果遇到磕碰损坏或部件遗失的烟灰缸，无论任何材料，都不要轻易修补或配制，保持其原始状态最好，否则会弄巧成拙，得不偿失。

MADE IN
JAPAN

世人普遍公认的“四大文明古国”是古巴比伦、古埃及、古印度和古中国，而古希腊和古罗马（意大利）在人类历史长河中也占有无可替代的重要位置，后来又通过文艺复兴运动，使古罗马文化重新焕发光彩。有一点可以肯定，希腊是西方文明的发源地，而意大利继承和发展了希腊文明。

写到这儿，我恍然大悟，难怪希腊和意大利这两个国家有那么多相像之处，原来他们有“世袭”关系。依据我一个现代人的眼光而论，这两个国家的历史都很悠久，这两个国家都很重视对于历史文物的保护和博物馆的建设，这两个国家到处是古建筑和大小不一的雕塑，这两个国家的人长相近似而且都能歌善舞。

回到小小的烟灰缸，如果我不看后面的出厂标记，往往分辨不出是希腊生产的还是来自意大利。右上图的烟灰缸就是一个非常典型的例子，单看正面，我绝对相信它是希腊制造，无论从选题、构图、绘制、镀金、上色等环节都非常希腊，但它的背面却明明白白地写着：意大利佛罗伦萨手工制作。我们知道，佛罗伦萨（Florence）是意大利一个非常著名的大都市，从 19 世纪中叶开始，佛罗伦萨的具有文艺复兴时期风格的工艺品便得到世人的青睐，包括镀金的家具和画框等，就连这么一个小小的烟灰缸也是手工制作。

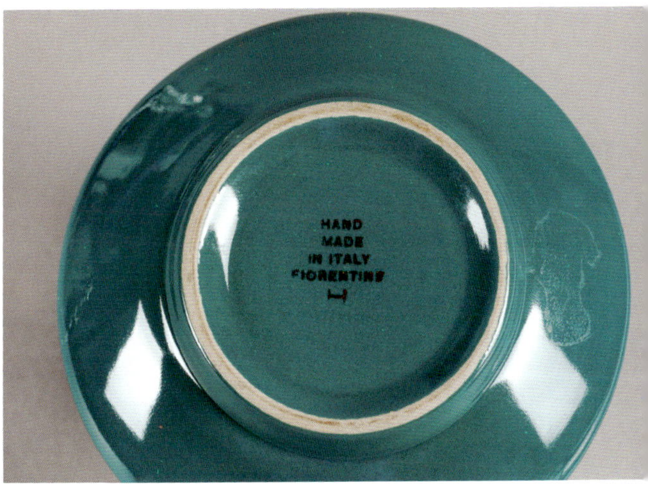

通常，任何艺术品一旦标上 Hand Made（手工制作），就是一种目的明确的强调，其身价会随之上升，简单的解释是：手工制作耗时、耗力且产量有限，不会千篇一律。反之，如果没有标明“手工制作”，绝大部分艺术品则是“机械制造”。还有些画家、艺术家、工匠亲手制作的烟灰缸会选择手签落款，多数是用他们名字的缩写类似 W. Lee 等，这种情况下，也没必要再特意标明“手工制作”。

除了手工制作，Hand Painted（手工绘画）的字样也经常出现在烟灰缸的底部或边缘，这类产品往往有比较讲究的构图、画面及色彩展现在烟灰缸的表面，无论绘画者是著名还是无名，只要价格合理，都值得收藏。

收藏，不能急功近利，要耐得住性子，很多大画家都是在他们去世多年以后，才被世人逐渐认可乃至狂热追捧的。

我偶尔会产生“希腊困惑”：为什么绝大多数产自希腊的烟灰缸都是手工制作 24K 金？而且通过任何渠道购买，售价均不高。按照一般概念，手工制作本身，已经具有价值，而 24K 金简单而论就是所谓的 99.99％纯黄金，再便宜也是黄金呀。莫非希腊人民对本国生产的艺术品过于重视，不但要亲手制作，还要披金挂银才能面对世人？

对于以上问题，我周围的几位希腊朋友很难给出答案，我又在互联网上查询一番，那些解释也不尽人意，只好留着我找机会去希腊探个究竟。希腊，绝对是值得一去的国家，因为它极具艺术气息，像古希腊的雕塑，在整个西方传统美术中占有十分重要的地位，而希腊陶器上的装饰画内容也非常丰富，多以神话故事和英雄传说为蓝本并反映生活的多个方面，如战争、狩猎、生产、家庭、娱乐、体育等，它们风格多样，形象生动，技艺精湛，寓意深刻，是装饰性很强的实用工艺品和古典绘画艺术相结合的完美样式，具有极高的研究价值。

本书所展示的希腊烟灰缸的风格样式较为接近，透过它们，我们可以从某一角度看到古希腊绘画艺术的水平。虽然类似的传统构图有些单调和雷同，但这正是它们独树一帜的特点：造型简练优美，结构严谨细腻，一眼就能认出是“希腊风格”，除了意大利的类似艺术品有些模仿痕迹以外，没有任何国家可以替代。如此精美的烟灰缸，要么收藏，要么放在支架上像画盘那样摆在柜子里展示，实际使用的可能性微乎其微。

“澳大利亚土著饲养员”（Australian Native Stockman）是一个广义的概念，他们可以为牧场主放养和看护牲畜，也可以在屠宰场宰杀牛羊；他们可以为运载牲口的船只和车辆工作，也可以为不同的公司当临时工随叫随到。是的，这是一个具有传统色彩又自由散漫的职业，带有流浪、粗狂和奔放的特性，

515-
NEOFITOU KERAMIK
HAND MADE IN
GREECE
24 K GOLD

DAKAS
Hande made
in Rhodes
in 24 k. Gold

WEMBLEY
QUALITY WARE

从古至今，只属于男人，我甚至没有找到与 Stockman 相对应的 Stockwoman 这个英文单词。

左面的三个烟灰缸上的三个人物是同一个人，一个非常具体的人物形象，只是第一个立体人物属于绘制，后两个则是照片翻印。这个人物，或者说这个著名的“饲养员”就是在澳大利亚大名鼎鼎的土著绘画艺术家比利·斯托克曼·塔帕塔利（Billy Stockman Tjapaltjarri）。

比利大约出生在 1927 年，在 1928 年发生的一次对土著人的大屠杀中，他是全家唯一幸免的人。他年轻时，最先从事畜牧工作，这也是他的绰号“饲养员”的来源，后来他在帕普尼亚（Papunya）当厨师并逐渐显露出他的艺术天赋。比利是帕普尼亚绘画运动的创始人之一，还先后担任土著艺术委员会委员和帕普尼亚图拉（Papunya Tula）艺术家主席等职务。

如果画面中的比利抽的是一支普通的烟，而不是叼着烟斗；如果比利没有戴着那顶西部牛仔帽（Cowboy Hat），而是露出一头弯曲的卷发，那么他特有的人物气质会不会逊色而使整个画面黯然失色？我想会，一定会。想当年，澳大利亚最著名的陶器公司温布利（Wembley）选中比利作为其产品的“封面人物”或如今所说的“形象代言人”，一定会考虑多方因素，比利在澳大利亚社会特别是艺术和绘画领域的特殊影响是其一；陶器公司对于澳大利亚老祖宗——土著部落的尊重算其二；比利与众不同的外观和形象是第三；第四，起码我这样认为，因为比利终日烟不离口，为烟灰缸“代言”不显牵强，这和运动员为体育用品做广告的性质大同小异。

温布利陶器以人物为主题的烟灰缸不止开发了“饲养员”比利这一个生活原型，但比利烟灰缸在温布利藏品中最为受宠，起码英国和澳大利亚收藏者会同意我的观点。

谈及黑陶，会使人想到印第安人即北美土著居民（Native American）的手工制品，想到墨西哥的黑陶器皿（Mexican Ceramics）以及来自印度的瓶瓶罐罐，不单是他们棕黑油亮的自然肤色给人的直觉，他们确实有制作黑陶的历史并延续至今。其实，黑陶的发源地在中国山东，是山东龙山文化中最著名、最典型的陶器。

中国的黑陶产生于新石器时代晚期，距今已有四千五百多年的历史，1931 年在山东省龙山镇首次被发现。黑陶是继彩陶之后中国新石器时代的又一制陶高峰，在中国美术史上占有非常重要的地位。中国黑陶的主要原料是黄河古道淤积的天然黄胶泥，采用传统的高温渗炭工艺烧制而成，其特点是胎壁细薄但质地坚硬，表层无釉却漆黑发亮，有“黑如漆，亮如镜，薄如纸，声如磬”之美誉，掂之飘忽若无，敲击铮铮有声。

现如今，很多国家都生产黑陶，在制作技术日趋精细的同时，通过新颖别致的造型展现本国独特的风土人情和异域文化，类似图中展现的那对热吻的情侣，显而易见的墨西哥风情，因为那顶硕大的草帽可以说明一切。

提起墨西哥，很多人会脱口而出它的三大特色：金字塔、仙人掌和大草帽，而当代人印象最深的恐怕就是世界杯赛场上墨西哥球迷头戴的五颜六色的大草帽。墨西哥一直在向世人传递着这个信息：只要有墨西哥人的地方，就有大草帽，足以看出草帽在墨西哥人心中的地位。烟灰缸的设计者们通过一对如胶似漆的情侣，恰如其分地传播“草帽文化”，我们无须看清他们的脸，但通过他们的形体语言，完全可以感觉到一对年轻恋人沉浸在爱河中的狂热。在这种爱火燃烧的氛围中，谁人忍心去打搅他们？谁人会舍得把这件精美的艺术品当作一个烟灰缸使用？更多的是对设计者完美构思和制作者精益求精的赞叹。

黑陶艺术品中有很多非洲女子的造型，源于黑陶本身的质地和颜色都与非洲女子有一种完美的默契与和谐，用黑陶制作的非洲女子烟灰缸一直是抢手货，甚至有人专门收藏这一系列。

常有朋友问我，你一共收藏了多少个国家的烟灰缸？我总是避而不答。我相信一百多个国家应该有，只是有的国家数量多，比如英国、法国和澳大利亚，有的国家数量少甚至只有一两个，比如葡萄牙和以色列。之所以说不出准确的数字，是因为很多烟灰缸没有任何标记，单凭肉眼判断，难免有误。

全世界共有二百二十四个国家和地区，我最少收藏了一半，为此，我曾经有个奢望，把世界上所有国家和地区的烟灰缸收齐了，一个也不能少，那一定刺激，具有挑战性，也

一定是浩瀚的工程，需要不辞辛苦、持之以恒。我认为这个世界上没有一个国家或地区是百分之百的无烟区，我还认为这个世界上的每一个国家和地区都会生产哪怕手工制作烟灰缸。如果我的“认为”是现实，那么把世界各国、各地区的烟灰缸统统收齐的愿望就有可能实现，只是早晚的事情。至于我，或许没有足够的精力和时间完成这个夙愿，期待后继有人。我可以做个承诺，如果哪位同好愿意为此付出努力，我将义不容辞地鼎力相助。真到了那一天，吉尼斯或许会给你我另外一个证书：全世界国家最全烟灰缸收藏世界纪录，因为吉尼斯对收藏类世界纪录的评判不仅仅是“众多”，也包括“奇特”。

随后展示的十几个风格各异的人物类烟灰缸，分别来自不同的国家，每一款都是当仁不让的收藏精品，在市面上发现和购买的机会正逐年减少。虽然受经济利益的驱使，一些国家自觉或不自觉地模仿和复制其他国家的名牌产品，但那毕竟不是长久之计，而且日日“做贼心虚”，所以这种“违章操作”的现象并不常见，多数国家都在不断地开发、研制和生产具有本国特色的烟灰缸，给消费者更多的购买余地，给收藏者更广阔的选择空间。

Down by the old Mill Stream

Sweet Adeline

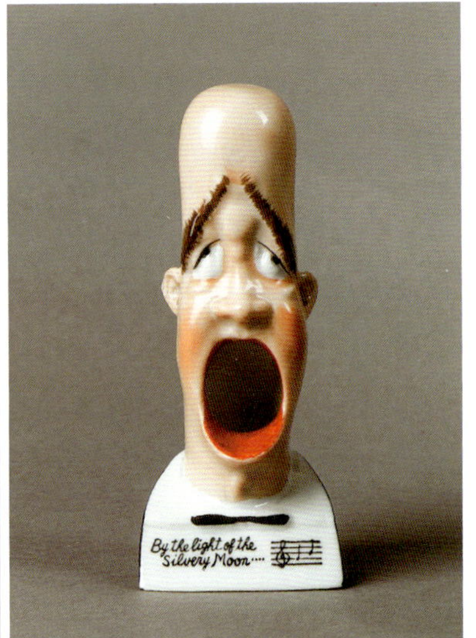
By the light of the Silvery Moon....

OLD GOLFERS NEVER DIE
THEY JUST LOSE THEIR BALLS

按照我的收藏比例计算，动物类烟灰缸明显多于人物类，这跟我的个人偏好无关，实际上是动物类烟灰缸的生产数量多于人物类。动物类的选择范围没有界限，因为动物的种类繁多，也不存在所谓的肖像权，而人类仅仅是单一的类群，只有四大种类之分，即亚洲人种（黄种人）、高加索人种（白种人）、非洲人种（黑种人）和大洋洲人种（棕种人）。

记得前面说过，动物类烟灰缸上面多是我们熟悉和经常接触的动物，当然，偶尔会有一些稀有的动物出现，像白鳍豚（Yangtze River Dolphin）、懒猴（Slender Loris）和长耳跳鼠（Long-Eared Jerboa）之类，我把这类烟灰缸归为“公益宣传品”，希望它们能够提醒越来越冷酷的人类，倍加珍惜和爱护濒临灭绝的稀有动物。

在互联网上搜寻 Wembley（温布利），第一条也是出现最多的信息是位于英国伦敦的英国国家队的主场“温布利足球场”，其次还有同名的地区、高尔夫球场和饭店。一旦在 Wembley 的后面加上 Ware 变成 Wembley Ware（温布利器皿），搜寻的结果将完全不同，所有的信息会围绕着澳大利亚最著名的陶器。遗憾的是，这类信息的中文说明几乎是零，但愿通过此书可以弥补这个空白。

“温布利器皿”通常是指第二次世界大战结束以后，即 1946 年至 1961 年期间在澳大利亚珀斯生产的陶瓷系列产品，早期以高档洁具为主，中后期则生产以澳大利亚的植物和动物为主题的花瓶、烟灰缸、盘子和碗，画面中出现最多的依

次为考拉、袋鼠、鸸鹋、马、狗、鱼和土著人物。

温布利烟灰缸被澳大利亚人称为“温布利洁具的名片”，每一个烟灰缸上面都有温布利公司的标记，除了我们前面见过的土著艺术家比利以外，绝大多数都以澳大利亚本土的动物为原型，生产数量最多的是考拉、袋鼠和鸸鹋，最少也是最值得收藏的是企鹅、乌龟和黑色的猫。

我不敢相信，在澳大利亚生活了二十多年，且常以“烟灰缸收藏家”自居，可我的藏品中，居然没有后面提到的乌龟和黑猫烟灰缸。坦白地讲，不是没有见过，而是要价过高；不是买不起，而是舍不得花那“冤枉钱”。为什么乌龟和黑猫就一定要比考拉和袋鼠贵出一两倍甚至更多？就因为前者产量有限而后者过剩生产？当然，我不急于买的另一个原因是我依然在澳大利亚生活，白认为过了这村还会有这店。

早年刚刚接触温布利器皿时，虽然陌生，却难以自制地喜欢——喜欢温布利的细腻、肉头和华丽。你看图中那对接吻的鹦鹉，其神态、状态和动态真是活灵活现、惟妙惟肖，我每一次见到真正的鹦鹉，都会想到这个烟灰缸，想到这对自我陶醉的小精灵，并暗暗夸赞设计者的聪明才智和制作者的艺术水准。

可以不加掩饰地说，温布利的每一个烟灰缸都值得收藏，一是温布利器皿是澳大利亚的国粹和骄傲，早已受到各国收藏者的宠爱；二是每件产品均经过精心挑选才投入市场，不会滥竽充数；三是温布利公司早已停业，不可能再出现新的产品；四是温布利的立体烟灰缸不但造型优美且制作精细，随着时间的推移，难免被磕磕碰碰，致使像鹦鹉嘴、狗耳朵和马尾巴等关键的部位出现断裂。

多少年来，我一直迷信“德国货”，喜欢德国的汽车和吸尘器，像“美诺”（Miele）。德国的电器、光学仪器、照相机、钟表、钢笔、刀刃、军用装备以及木刻、皮革和宝石制品，也一直处在世界的领先地位并以设计合理、经久耐用而著称。基于这些原因，我对德国生产的烟灰缸存有偏爱。

绝大部分德国烟灰缸的底部印有文字标记，一小部分只打上号码，证明是“有限版”产品。在1990年10月3日即联邦德国与民主德国合并之前，很多德国产品标有W. Germany（West Germany的缩写），意为“联邦德国制造”。而E. Germany（民主德国）的产品却非常稀有，或者Germany就代表民主德国。德国烟灰缸的设计风格和样式随心所欲、不拘一格，在不看标记的情况下，辨认难度也不是很大，当然这种“辨认”的经验需要较长时间的积累，才能逐渐掌握德国产品的特性和特征。

具有世界知名度的德国陶瓷品牌主要是高宝（Goebel)、巴伐利亚（Bavaria）和迈森（Meissen），下页图展示的青蛙就是高宝（又译：戈贝尔）的产品。高宝陶瓷总厂于 1871 年成立，位于德国北巴伐利亚的高宝镇附近。高宝的各类陶瓷精品都是由手工生产，一直以来受到世界各地陶瓷迷的喜爱，每年都推出限量版瓷器精品，包括花瓶、挂画、盘子等，而作品中的艺术名家精品系列，更是经典作品，所有的作品都有画作拥有方的授权并印有大师们的签名，极富代表性。

巴伐利亚州也是德国著名的陶瓷产地之一，民间手工制作的陶瓷艺术品备受各国游客的青睐。每年八月初，“塞尔布瓷器节”在巴伐利亚州北部的小城塞尔布（Selb）开幕，欧洲规模最大的瓷器跳蚤市场也在这里，约 400 多家摊主在市中心街道两边摆摊设点，常使瓷器爱好者和淘宝人眼界大开。虽然塞尔布人口只有 1.7 万，但瓷器产量很大，20 世纪 90 年代，塞尔布的三家瓷器厂的合计年产量约占德国总产量的二分之一，塞尔布因此被称为德国的“瓷器之城”。

如果说塞尔布是德国的瓷器工业重镇，那么德国萨克森州的迈森（Meissen）则是欧洲瓷器工业的摇篮。大约在

1710 年，一个德国炼金术士发现了瓷器原料的特性和中国陶工的烧瓷流程，迈森制瓷厂因此建立，进而传播到整个德国，也就是说，1710 年成立的欧洲第一家瓷器厂就设在迈森。

迈森被欧洲人称为“白色黄金”之乡，以出产白色瓷器著名，整个城镇古瓷文化浓厚，不但标志性建筑弗劳恩教堂上安装着陶瓷钟，建于 12 世纪初的尼古拉教堂边上还有一座 2.5 米也是世界最高的瓷质塑像，而在迈森瓷器博物馆内，则能欣赏到三千多件历代瓷器。迈森最初的瓷品设计只限于花鸟鱼虫，后来以钴蓝作颜料，开始生产餐具。1865 年，瓷厂迁至柴比茨谷，1918 年正式命名为“迈森瓷厂”并享誉世界至今。

我收藏了较大数量的德国烟灰缸，新老搭配，各式各样。尽管名牌产品像高宝、巴伐利亚和迈森常能抓住我的眼球，但非

GEROLD PORZELLAN
BAVARIA

名牌产品则是基本群众。如果把名牌比作鲜花，绿叶的作用也不可低估。

作为瓷器收藏者的最爱，英国的骨瓷是将艺术完美融合于陶瓷用品的典范。

骨瓷（Bone China）又称“骨质瓷”，在烧制的瓷泥中添加了动物骨灰（猪、牛骨），以改善瓷器的玻化及透光度。骨瓷是一种低温软性瓷，只能用模具旋制或注浆等工法生产，不能手工拉制。换言之，骨瓷必须批量生产，少量生产成本太高，得不偿失。骨瓷是英国人在 1794 年率先发明的，随后发展出一批世界知名品牌，像皇家道尔顿、威基伍德和皇家瓦塞思。20 世纪 60 年代，日本人成功打破由英国人垄断了近两百多年的骨瓷市场，成为世界第二骨瓷强国。

由乔赛亚·威基伍德创立于 1759 年的威基伍德（Wedgwood）被称为“英国陶瓷之父”，主要生产和经营水晶与精品瓷器，以其高贵的品质、细腻的质地、高度的艺术性、洗练的创作风格而风行全世界，拥有不可撼动的世界领导品牌的地位，旗下的名牌有精致骨瓷（Fine Bone China）、由英国王妃命名的女皇器皿（Queen Ware）和著名的贾斯珀器皿（Jasper Ware）等，每一件都是陶瓷的精品。

早在 20 世纪初，威基伍德的烹调用具已渐渐提升至装饰性的境界，其中很多浮雕形象取材于希腊神话，有维纳斯、丘比特、大力士赫尔克里士、十二星座神等，形成了威基伍德艺

WEDGWOOD®
Bone China
MADE IN ENGLAND
CHINESE TIGERS
WADE
Porcelain
Made in England
WADE
PORCELAIN
MADE IN ENGLAND

术品的明显特点。经历两个世纪之后，威基伍德瓷器丰富的构图、耐久的材质使其仍是瓷器中当之无愧的耀眼明星。

我对威基伍德的产品赞赏有加，但我收藏的威基伍德的烟灰缸数量很少。前页上图那一对中国狮子（Chinese Tigers）颇能代表威基伍德骨质瓷器的设计风格与制作工艺，它没有按照传统的中国颜色——红色或金色来装扮这对生龙活虎的狮子，而是用了不常见的绿色，反而使这个烟灰缸个性鲜明，独具特色。

虽然威基伍德是世界著名的品牌，拥有悠久的历史和雄厚的实力，但令人遗憾的是，这样一家百年老厂也未能挺过金融风暴的冲击，多年债务累计高达四亿英镑，导致威基伍德于2009年1月5日宣告破产。

我一手撮合的“男生小合唱”给人一种明显的动势和乐感，哥儿四个整天张个大嘴引吭高歌，从不觉着累。我真的不认为它们是烟灰缸，虽然它们是，而且个别的鼻孔与嘴相通，还会冒烟。这个系列，有人说是猫，有人说是虎，有人说是不伦不类的小怪物，但有一点可以肯定，它们是日本烟灰缸中另类的代表，颇具收藏价值。

日本生产了大量的动物类烟灰缸，风格样式随心所欲、屡屡出新，不知道出于什么原因和什么心理，日本的产品标记很少使用日文却以英文为主，Japan（日本）排在第一，Made in Japan（日本制造）是第二选择。我在澳大利亚逛古董店或周末市场，会遇到个别卖家不问青红皂白，拿着一个用中文标明生产厂家的烟灰缸非说是日本货。好在我还认识中文，要是正宗的老外，那也只好信了。不过那些卖主不是有意欺骗顾客，在他们的眼里，很难分清中国人和日本人，那么中文和日文就是天书啦。

普遍而论，标有 Japan（日本）或 Made in Japan（日本制造）比标有 China（中国）或 Made in China（中国制造）的烟灰缸的收藏价值相对大一些，这个说法或许不太妥当，但这是事实。首先，用英文标明日本生产的烟灰缸有早期也有现代产品，而用英文标明中国生产的烟灰缸则基本上是现代产品或现代仿古赝品。其次，我们不得不承认，中国在当代或说近些年大批量生产了各式各样的价廉物不美的产品，致使“Made in China”（中国制造）的名誉每况愈下，

甚至成了伪劣产品的代名词。最后，从购买和收藏角度论，年代接近、造型相仿、大小一样的烟灰缸，日本货的要价通常比中国货高一些，这种差异，取决于买卖双方的审美取向和心理价位。

来自南非（South Africa）的烟灰缸并不多见，上图展示的雄鹰图案是 BARCLAYS（巴克莱）——一家超过三百年历史的英国跨国银行和金融服务公司的商标，该公司的总部设在伦敦，这个烟灰缸是为其在南非的分部而制作的，其设计风格和细腻程度很像英国产品。

对于那些没有任何标记、没有任何特征的烟灰缸索性避而不谈，倒也踏实，最可怕的是在一些产品的某一部位发现了一个奇怪的符号或图标，想探个究竟吧，要费九牛二虎之力，轻易放弃吧，又于心不忍。下图是一只长颈鹿造型的烟灰缸，

其底部的标记很像中国字“凤”，我认为那是“MR”的组合，可是上哪儿去查 MR 代表的是哪个国家或哪个品牌呢？我真的不应该把这个难题留给读者，那不是我的本意，我实际上想表明，要想开始对某一专项的收藏，比如烟灰缸，得先做好被它们“折磨”的准备，要有锲而不舍不达目的不罢休的精神。当然，有些事情也不能一股脑地钻牛角尖，更不能不懂装懂。不管怎么说，我决定暂时放弃对“MR”标记的追究，或许有一天能意外地破解这个谜。

随着人类文明的不断发展，创建一个和谐的社会当是这个时代的主旋律，是进步与文明的集中体现，而“和谐社会”的内涵之一就是人与自然和谐相处。自然，是人类和千千万万有生命的动植物组成的物质世界，尤其是动物，它们是人类的朋友，应有与人同等的权利，那就是生存、自由、

爱和尊严。正是它们与人类一起，构成了一个多彩多姿的世界，善待动物就是善待我们自己。从这个角度讲，收藏动物类烟灰缸有了另外一层意义，在设计、制作、出售、购买、使用和收藏的时候，应该想到，爱护大自然，保护所有动物，是每一个人义不容辞的责任。

建筑类烟灰缸以旅游纪念品居多，与其他类烟灰缸相比，一直有很好的销量。游客们每到一个地方尤其是著名的建筑景点观光，顺便买一两个烟灰缸留做纪念或馈赠亲友，都是不错的选择。不管是立体的还是平面的建筑类烟灰缸，大多形状、图案除按照比例缩小以外，都和实际建筑物一模一样或相似相仿，使人一目了然。其次用文字直接标出建筑物的名称，也是很普遍的现象。

有的烟灰缸上面的建筑物未必宏伟壮丽，其图案来源或许是名人故居，或许是一幅名画，而五光十色的城市风光、安逸寂静的乡村农舍、火热繁忙的工厂矿区和特色独具的街景宅院，都有可能被选中并在烟灰缸上予以展现。可以这么说，没有一个烟灰缸上的图案或照片是设计者们信手拈来的，它们一定经过了精挑细选之后，以最有意义的造型和画面展现在我们眼前。

位于欧洲中心的荷兰是一个富有无限艺术魅力的国家，有着风景如画的景色、绚丽多彩的郁金香、适宜旅游度假的气候，其建筑艺术水平也高居欧洲前列。

虽然荷兰已是一个现代化的国家，但却没有失去很多古老的传统，最为典型的是象征荷兰民族文化的风车，年年岁岁，它们坚贞不渝地矗立在荷兰的很多角落。荷兰人认为，风车是他们国家的“功臣”，把每年五月份的第二个星期六定为“风车日”，在这一天，全国的风车一齐转动，举国上下一片欢腾。

同样，荷兰生产的瓷器烟灰缸也以风车为主要选题，以蓝白为基本色调，这种鲜明的个性和始终如一的特色，足以反映荷兰人对于传统文化的热衷和对本民族艺术的呵护。这类风车烟灰缸上的图案，选用荷兰本土画家和手工艺者的素描画为蓝图，寥寥数笔，一气呵成，他们太熟悉本国的文化和风土人情了。

我很早就发现，荷兰手绘烟灰缸的产量挺大，有很多不同的组合和系列，要想凑齐，绝非易事。

捷克斯洛伐克是我去过和逗留时间最短的一个国家，说是“逗留”，其实是在机场边防的临时拘留室里被关了十个小时。

1991 年，我和小蓓从马耳他飞往匈牙利，按照航空公司的行程安排，要在捷克斯洛伐克首都布拉格的酒店暂住一个晚上，第二天一早重新登机飞往布达佩斯。我们当时持有有效的中国护照，也持有合法的匈牙利签证，在机场被拦截的唯一理由是我们的中国人身份，他们担心我们到了航空公司为转机乘客安排的酒店后逃跑，“黑”在他们国家。

二十多年过去了，我经常想起那段特殊的经历，想起我在边防官员检查我的行李时，为他展现我在马耳他购买的产自捷克斯洛伐克的烟灰缸的瞬间，我清楚地记得，他看到那个烟灰缸以后，铁面无私的大脸略微放松了一些，并指着烟灰缸上的建筑物，用他们本国的语言说了几句什么，随即停止了对我们行李箱的野蛮搜查。后来，我收藏的捷克斯洛伐克的烟灰缸越来越多，已经记不清当年在布拉格机场为我们摆脱纠缠的是哪一个了。

是的，烟灰缸是实用品，更是艺术品，常常在不经意的瞬间挥洒它们的艺术魅力并净化人们的视野。我和捷克斯洛伐克机场的边防官员有语言障碍，无法直接沟通，是那个烟灰缸在关键时刻“救”了我们一命。

BOHEMIA
CHINA
„VICTORIA"
VICTORIA
VICTORIA
Czecho-Slovakia
Old England
handpainted
Made in
Czecho-Slovakia
A SOUVENIR FROM PORTLAND, VIC.
H R J

通过照片不难看出，德国建筑类烟灰缸与荷兰的产品有明显不同，荷兰的设计风格和用色习惯相对单一甚至保守，而德国的烟灰缸几乎没有规律和特色可循，我想主要原因是德国的建筑风格本身存在着地区差异，比如在德国南部巴伐利亚地区，处处可见的是清新明快的巴洛克式建筑；而在德国北部则多是庄重严谨的哥特式建筑。虽然德国各地的建筑与其地区独有的文化传统密不可分，但是就古堡教堂的建筑风格而言，除地区差异外，还有一个重要的因素，即建筑的时间差别，因为在欧洲历史发展中，各个时期的建筑风格截然不同，可分为罗曼式的、哥特式的、巴洛克式的、文艺复兴时期、古典主义等各种风格。

这里选用的德国烟灰缸，不光有风格各异的建筑物，还出自不同的生产厂家，有的工厂早已倒闭，有的工厂仍在生产。倒闭的工厂产品损坏一个少一个，没有机会补救；而仍在生产的厂家绝不会只生产烟灰缸这一类产品，随着吸烟的人数越来越少，产量也会越来越低。对收藏者而言，一旦遇上喜欢的玩意儿，不要轻易放过，尤其是我在前面提到的德国名瓷厂家生产的烟灰缸，往往是限量版，能收到一个完好无损的，已算运气。

我把荷兰、捷克斯洛伐克和德国的建筑类烟灰缸挑选出来单谈，没有特殊原因，而是这三个国家生产的烟灰缸有明显标记，易于辨认。实际上手绘建筑类（风景画）烟灰缸不是很多见，一旦签有绘画者的名字，更为稀有。像画家瓦尔·刘易斯（Val Lewis），应该不是大画家，起码现在不是，我不但没有听说过他的名字，甚至很难找到他的介绍，但我宁愿花了较高的价格购买他手绘的烟灰缸，毕竟不多见。

当我静静地观赏烟灰缸上的那幅画——那间三笔两画勾勒出的乡间别墅，那些弯曲的小草围绕着弯曲的小路以及房前屋后弯曲的树，我的思绪会随之而去，我会在短时间内忘记眼

前的浮夸与浮躁，忘记周边的凡人与琐事；我会更加向往古朴自然的宁静生活，向往有朝一日回归大自然，寻找只属于自己的世外桃源……就冲这一点，我始终觉得这个烟灰缸物有所值。

法国作家莫泊桑说过："如果有人只能在西西里待一天，他问道：'我该去哪里参观？'我会毫不犹豫地回答他，陶尔米纳。这个小村庄只是一个小小的景观，但其中的一切都能够让你的视觉、精神和想象尽情沉溺，享受其中。"莫泊桑的这段话足以说明陶尔米纳的魅力。

陶尔米纳（Taormina）在意大利西西里岛的墨西拿省内，位于墨西拿和卡塔尼亚之间。公元前 400 年，陶尔米纳曾是希腊的殖民地，公元前 212 年又归罗马帝国管辖。陶尔米纳是个山城，面临亚得里亚海，山城最高处有一座"希腊剧院"，是公元前二世纪罗马人所建。陶尔米纳始终是一个备受世界各国游客青睐的度假胜地，它有西西里岛最优美的风景，还有柔软的沙滩、时髦的时装商店、豪华的旅馆、古老的纪念物以及一流的餐厅。

我收藏的一个烟灰缸上的画面就是陶尔米纳的地图，我当时购买它的时候，只认识地图最上方的意大利文 Sicilia（西西里），回到家后，才更多地了解了西西里，也知道了大作家莫泊桑所赞赏的"小村庄"陶尔米纳。毫无疑问，这是一个陶尔米纳的旅游纪念品，生产它的主要目的是纪念，上面的地图和地名印制得很粗糙，没有游客会举着它寻找餐馆或住处。

对于我，一个收藏者，因为烟灰缸上面的地图吸引了我，使我随之认识了陶尔米纳并期待着有一天能够前往那个小村庄，我相信绝大多数使用或收藏类似烟灰缸的人，都会和我有相同或相似的愿望。所以说，我们真的不能低估一个小小烟灰缸所起的意想不到的作用。

TAORMINA
E.D.W.
Freiburg i. Brsg.
Das historische Kaufhaus
CASINO
TRAVEMÜNDE
Thomas
Marktredwitz-Germany

我将陶瓷类烟灰缸粗略地分为中国陶瓷、陶瓷人物、陶瓷动物和陶瓷建筑四大类，一直没有找到合适的字词形容这四大类以外的烟灰缸种类，最终选择了“饰物”一词。

“饰物”按照名词的概念，泛指首饰或器物上的装饰品如花边、流苏等，饰物一旦当动词讲，则是对生活用品或生活环境进行艺术装饰的手法，主要有描绘、雕刻、塑造、堆贴、镶嵌、编织、印花、刺绣等。而装饰的形式又分平面装饰和立体装饰两大类，平面装饰有单独纹样、适合纹样、带状纹样、网状纹样等图案组织；立体装饰有浮雕、圆雕、镂雕、浅刻等。无论哪种装饰手法，它必须与所装饰的客体有机地结合，成为统一和谐的整体，以便丰富艺术形象，扩大艺术表现力，加强审美效果并提高其经济价值和社会效益。

按照上面的解释，自认为我收藏的所有烟灰缸都可以当作饰物——用不同的艺术手法被精心装饰过的饰物，只要摆放在合适的位置和角度，自可以达到装点和美化环境的效果。

我在前面谈到德国陶瓷品牌时，曾经提到了高宝（Goebel)、巴伐利亚（Bavaria）和迈森（Meissen），实际上德国的陶瓷名牌不止这三个，只是它们的名气最大。其中“巴伐利亚”来自拉丁文Bavaria的译音，它不仅是德国著名的陶瓷产地，享誉世界的名牌汽车宝马的总部就设在巴伐利亚州。

说到巴伐利亚，我想起一个故事：大约四百多年前，号称“欧洲最纯正的贵族”维特尔斯巴赫皇族从景德镇定制了一块瓷做的皇室纹章，从此开启了这个皇族与中国瓷器的不解之缘。后来，受中国皇家御用陶瓷与景德镇精湛陶瓷理念的影响，维特尔斯巴赫皇族在自己的皇宫宁芬堡创立了皇家陶瓷品牌，从那时开始直至今天，中国传统制瓷工艺仍影响着巴伐利亚皇家陶瓷文化。2013 年，巴伐利亚王子路易波特（Luitpold）曾亲自率队到景德镇寻找陶瓷之源，他带着朝圣的心情从高岭捧走了一些高岭土，带回德国委托宁芬堡的制作大师们制作出精美的陶瓷，再回赠中国、回赠景德镇。

是否可以说，巴伐利亚陶瓷与景德镇陶瓷有着一种特殊的血缘关系？或许因为这个缘故，我收藏了近百个产自巴伐利亚的烟灰缸，远远超过了景德镇的产品。我是这么想，自己是中国人，有大把的机会寻找和收藏产自中国特别是景德镇的瓷器，就算一些珍品与我无缘，它们也不会轻易跑到国外去，而是被中国本土的收藏家们所拥有。

作为收藏者，有时候的心态挺奇怪，我已经收藏了大量英国、德国和意大利的烟灰缸，却仍在毫无休止地寻找，从未间断地收藏，真的不知道什么时候是个头。偶然发现非常稀有的烟灰缸比如产自西班牙或者马耳他，我也会不假思索地先买下再说，带回家里慢慢琢磨，生怕再也遇不到了。

澳大利亚这个大力提倡多元文化的国家给我的收藏提供了诸多便利条件，使我在家门口就能进行“国际贸易”， 不

EST
1858

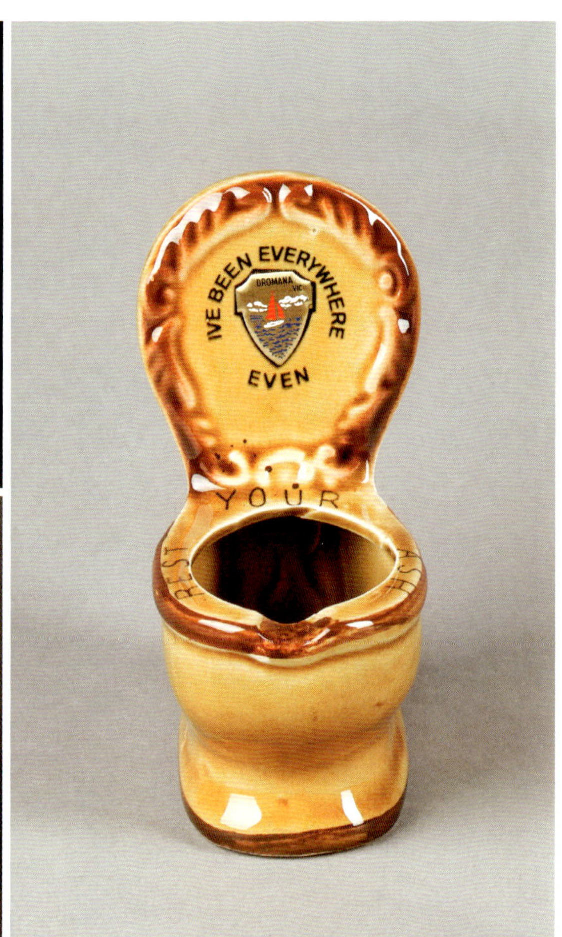
IVE BEEN EVERYWHERE
DROMANA VIC
EVEN
REST YOUR ASH

Fischer
AUSTRALIA

Diana
AUSTRALIA
SOLERO
SHERRIES
SEPPELT
P&O

用山南海北去奔波，再加上互联网推波助澜，世界真的是越来越小。

尽管澳大利亚是一个非常年轻的国度，但它的陶瓷（主要是陶器）的生产却有值得向世人炫耀的成就，两百多年来，先后诞生了很多使澳大利亚人引以为豪的品牌，像温布利（Wembley）、罗伯特・戈登（Robert Gordon）和本迪戈（Bendigo）。我在动物类一节中已经简略地介绍了温布利，而罗伯特・戈登似乎不生产烟灰缸，在此谈谈澳大利亚家喻户晓的“本迪戈陶器”。

本迪戈是澳大利亚维多利亚州中部的一座城镇，也是该州继墨尔本、吉朗和巴拉瑞特之后的第四大城市。本迪戈旅游业的主要基础是曾经的淘金历史，另一个项目则是与陶器紧密相关。在本迪戈陶器博物馆，游客们通过各种实物、图片、文字和人工解说，不但可以了解本迪戈陶器的发展历史，看到陶器艺术家的现场制作，还可以亲自动手，利用传统的器械和黏土制作陶器的坯胎。

我们知道，英文的缩写在日常生活和工作中使用得非常普遍，在不同的领域所代表的意思又是截然不同。比如 EST，可以表达“序列标签”(Expressed Sequence Tag)，又代表“美国东部标准时间”（Eastern Standard Time）。本迪戈生产的所有产品上可以看到“EST 1858”，这里的 EST 则是 Establish 的缩写，意为“创建或建立于”1858 年，也就是说，本迪戈陶器至今已有一百五十多年的历史。

澳大利亚和马耳他都是英联邦国家，相距甚远却亲如近邻，如果没有记错，我是在马耳他收藏的第一个本迪戈烟灰缸。我那时的英文很烂，看到上面有“1858”的字样，误以为那个烟灰缸就是那个年代生产的，误以为自己捡漏，发现了一个澳大利亚的珍品。本迪戈的早期产品以深棕色为主色调，制作工艺古朴粗犷，说是陶器，更像未经打磨的岩石，不但粗糙而且非常沉重。当我离开马耳他的时候，险些将那个烟灰缸送人，因为它太占分量，一个顶仨，是那 1858 的数字救了它也救了我，使我将它保留至今。

本迪戈的早期产品，看上去就有历史和沧桑感，本迪戈绝不去模仿任何国家和地区的陶器工艺，更没有人愿意模仿它。我于 1992 年到了澳大利亚以后，本迪戈的大名不绝于耳，而本迪戈的产品也是随手可得，但它毕竟是澳大利亚独创的陶器名牌，每次购买，价格都不便宜。

为了适应时代的发展，本迪戈的产品变得越来越“细腻”，我反而留恋和珍惜本迪戈的早期陶器，反而不希望它们变得细皮嫩肉。后来，只是听说，本迪戈打算步罗伯特・戈登的后尘，将陶器厂搬到其他国家比如印度继续生产。希望这只是一个传说，否则我会对本迪戈的新产品逐渐失去兴趣，我更喜欢原汁原味。

以上谈到的陶瓷器三足鼎立是澳大利亚陶瓷业的主体，前后还诞生过十几个值得一提的陶瓷品牌，像威斯敏斯特（Westminster）、埃利舍（Elischer）、雷纳姆（Raynham）、

戴安娜（Diana）、拉特延（Rathjen）、亚拉汪戈（Yarra Wonga）、布让利·唐宁（Brownie Downing）、贝克维尔斯（Bakewells）和麦克休（Mchugh）等，在此不逐一评说。

英国陶瓷领域的王中王皇家道尔顿（Royal Doulton）的陶瓷产品遍布全球，世界各地的商店、市场、拍卖行、互联网、公共场所和家居民宅，凡是与陶瓷有关的活动和交易，常能看到皇家道尔顿的踪影。从早期到当代，若与其他同类产品相比，皇家道尔顿的陶瓷器始终偏贵，但它贵得有道理，贵得让人心服口服，甘愿掏钱购买。

左上图是一个皇家道尔顿早期产品中的珍品，因为它非常稀有，因为它显得笨拙、粗糙，没有体现出皇家道尔顿尊贵的皇者风范以及与众不同的华美色彩，摆在任何一个角落作为待用品或装饰物，很难引起人们的关注，何况皇家道尔顿主打的精致骨瓷在全世界一直处在领跑地位，而这个烟灰缸则是皇家道尔顿产品中不大多见的陶器。

始创于 19 世纪的皇家道尔顿与英

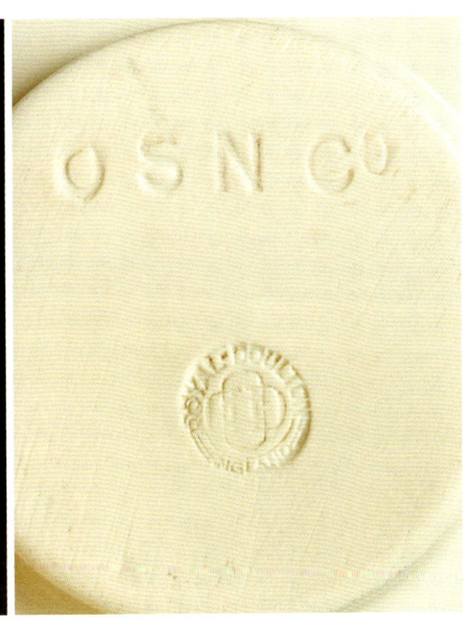

国的骨瓷工业共同度过了两百多年的悠久历史，现已成为当今世界首屈一指的骨瓷制造商，其骨瓷产量已经占据英国总产量的百分之四十以上。皇家道尔顿的瓷质细腻通透，器型美观典雅，彩面润泽光亮，花面多彩多姿，长期以来是英国皇家和贵族的专用瓷，是世界公认的高档瓷种，兼有使用和艺术的双重价值，同时也是权力和地位的象征，号称“瓷器之王”。

1887年，皇家道尔顿创始人之子汉瑞·道尔顿成为第一位被授予骑士爵位的瓷器艺人，从此之后，皇家道尔顿屡次获得不同的荣誉和勋章：1966年，该公司成为英国第一家因技术革新而得到女王嘉奖的公司；1984年，“发现号”宇宙飞船在太空首航中将皇家道尔顿一只盘子带到太空，使其成为第一个被带入太空的瓷器。

随着皇家道尔顿公司的名气越来越大，旗下的品牌也相对增加，最著名的有皇家克朗德尔（Royal Crown Derby）、皇家明顿（Royal Minton）及皇家艾伯特（Royal Albert）。这几个品牌层次不同，知名度由高到低，价格也

ENGLAND
O.S.N.Co
6889
UBW

Lanson

B & C[ie]
LIMOGES
FRANCE
L.BERNARDAUD & C°
LIMOGES
MADE IN FRANCE

ML
Limoges
MADE IN FRANCE

随之变化。

有一点需要特别提及：皇家道尔顿是目前众多西式瓷器品牌中，致力于开发中式餐具的唯一一个，这足以证明皇家道尔顿的掌门人对中国文化的偏爱和对中国瓷器工艺的重视。

在“陶瓷人物”一节中，我首先谈的是有“法国景德镇”之称的利蒙治（Limoges）陶瓷，Limoges 也常常译为“利摩日”，我以为两种译法都成立，只是使用习惯不同而已。

像很多陶瓷名牌一样，利蒙治的早期产品特点鲜明、风格独具，色彩和构图均追求高雅，尽显贵族风度。除了日本人时有模仿以外，其他国家的陶瓷产品始终和利蒙治保持一定距离，想学也未必学得像。

不知道从什么时候开始，利蒙治突然“堕落”了，生产了一些不伦不类的陶瓷产品，基本上都带有浓重的商业气息。下图那个烟灰缸是为法国比亚里茨赌场（Biarritz Casino）特制的。比亚里茨位于法国西南部，是一个繁华的海滨小城，也是赌徒的“地狱”和冲浪者的天堂。依我之见，利蒙治公司之

所以生产此类烟灰缸，是屈从于经济效益，也就是为了钱，否则它不会也不应该轻易放弃自己保持多年且独一无二的艺术风格。赌场出钱，风格样式自然由赌场说了算，何况赌场也有钱。虽然我为利蒙治的“堕落”有些遗憾，但完全可以理解，毕竟是商品社会。利蒙治生产的另一个“有失水准”的产品是史怀柏饭店（Scribe Hotel）烟灰缸。史怀柏饭店是一个建于19世纪的五星级豪华酒店，位于浪漫的巴黎市区，很多达官贵族和名人政要都曾在此下榻。显然，这家饭店有实力“降服”利蒙治为他们设计和生产名片式的烟灰缸。好在利蒙治还算没有太掉价，它为之服务的都是些上档次的场所。

从另一个角度而论，利蒙治生产的这些单纯商业用途的产品颇具收藏价值，因为是小批量生产，打破了利蒙治陶瓷的一贯传统，记载了利蒙治陶瓷的演变过程，作为收藏，多挖掘同样的品牌却不一样的品种，会随时激发收藏兴趣。

1700多年以前，中国瓷器在工艺上几乎优于欧洲所有陶瓷，它坚实、致密、洁白、透明，欧洲各地的陶工都尝试进行仿制，但绝大多数仿制品只是看起来与中国瓷器相似而已。然而，在16世纪的意大利和17世纪末的法国，出现了与中国瓷器更加相似的仿制品，那种瓷器被称为“软瓷”。

马可·波罗（Marco Polo）将瓷器传入欧洲后，瓷器很快成为只有上层贵族才能享用的“白色金子”。1735 年，意大利瓷器产业的奠基人卡罗·基诺里（Carlo Ginori）侯爵经历无数次艰难的试验，终于发现了使泥土变成“白色金子”的方法，随之在意大利佛罗伦萨（Florence）西北部的多西亚(Doccia)兴建了瓷窑，从此，意大利最古老的第一名瓷品牌“理查德·基诺里”（Richard Ginori ）开始闻名于世。

遗憾的是，虽然我收藏了太多太多意大利生产的不同时代、不同材料的烟灰缸，但至今没有发现号称意大利“第一名瓷”的理查德·基诺里的产品，我不认为它从来不生产烟灰缸，只是我还没有遇到而已。单就意大利瓷器而言，我大约收藏了近十个不同品牌的烟灰缸，其中标有佛罗伦萨人（Florentine）的产品，常会引起我的兴趣，因为其造型和色彩带有典型意大利男人的那种力度和浪漫，而“手工制作”是另一个显著特点。

众所周知，佛罗伦萨是意大利中部的一个城市，15—16世纪时，佛罗伦萨是欧洲最著名的艺术中心，以工艺美术品和纺织品驰名全欧，也是欧洲文艺复兴运动的发祥地和举世闻名的文化旅游胜地。佛罗伦萨的工业则以陶瓷、玻璃器皿、高级服装和皮革为主，其次是金银加工、艺术复制品等也很有名。历年来，佛罗伦萨生产的烟灰缸应该在一千种以上并以玻璃和陶瓷材料为主。

提到意大利的陶瓷，世界很多国家包括咱们中国人可能会联想到装修、联想到瓷砖，甚至联想到厨房或卫生间的地面和墙壁。意大利的瓷砖确实举世闻名，其中最受中国人欢迎的品牌应该是伊莫拉（Imola），该公司成立于 1874 年，具有悠久的历史。紧随其后的陶瓷品牌还有加德尼亚（Gardenia)、伊加（Aga）、范思哲（Versace）、百得利（Bardelli）、埃米（Emil）、蜘蛛（Ragno）、佛罗格斯（Floor Gres）、马拉奇（Marazzi）和金铂莱利（Gambarelli）。

HAND
HAND
MADE
IN ITALY
FIORENTINE
ITALY

根据 2011 年的统计，日本人的平均吸烟率为 20.1%，虽然这个比率远远超过欧洲很多发达国家，但与一些发展中国家相比，还有一定距离。可是，日本的烟灰缸生产量绝不输给任何一个国家，而且绝大多数产品只是为了出口，赚他国烟民的钱。我之所以这样说，有我的依据：

第一，90% 以上的日本烟灰缸使用英文标记包括国名、厂名、品牌名以及使用的材料类似纯银或镀金。这种用意，应是面向国外。

第二，在设计、构图和色彩等关键环节，一方面充分展示日本传统文化固有的特色，另一方面临摹复制其他国家最具代表性的设计理念，抓住消费者的心理，什么图案或造型好卖就大量生产。

第三，无论是在古董店、旧货店、跳蚤市场甚至互联网上，标有 Japan（日本）或 Made in Japan（日本制造）的烟灰缸的比例远远超过世界所有国家，有的时候不想买都“不行”，因为卖方要价太低。

不算我曾经提到的“晃动”烟灰缸，我所购买的日本烟灰缸较之英、德、法、澳要便宜很多。不能说日本的烟灰缸质量不好，不能说日本的烟灰缸没有收藏价值，只是过多，而多多益善是褒义，多多易烂则成了贬义。

有一个日本生产的烟灰缸上贴着一张小标签，我请的摄影师在拍照时忘记撕下来了。不过，留在上面也好，能够帮助我了解这个产品，恢复一些记忆，毕竟是十几年前收藏的。在澳大利亚甚至很多其他国家的古董店、旧货店以及跳蚤市场购买收藏品或二手货，一些卖主愿意将自己对产品的解释跟着价格一起标明，以便买主尽快认识该产品尤其是有一定收藏价值的古董，同时也节省了买卖双方的时间。这些“手书说明”往往是真实的，很少弄虚作假，很少为了卖个好价钱故意骗人，只是每个卖主的文化修养和知识水平高低不一，对其所出售的产品各自有不同的说明罢了。这张小标签的内容是：Maratouma Ware. 1930s (Collectors) $22- K。按照顺序解释：“Maratouma”应为 Marutomo，我觉得是卖主的拼写错误，无伤大雅；“Ware”在这里是器皿或制品；“1930s”是 1930 年左右出品，这点基本准确；“Collectors”是收藏家或收集者，换句话说，此烟灰缸值得收藏；“$22-”是卖方的要价；最后的“K”许是卖主的销售记录符号。

这个烟灰缸正面图案以绿色为主，绿色环绕着几座深棕色山峰，顶部还有英文大写的 THREE SISTERS. KATOOMBA，中文的意思是“三姊妹，卡通巴”。如果到澳大利亚新南威尔士州旅游，悉尼歌剧院和情人港是必到之处，而东部的蓝山（Blue Mountain）也是值得一去的山区旅游景点，著名的“三姊妹峰”就在蓝山，也是卡通巴这个山区城市的标志。很明显，这个烟灰缸是澳大利亚的旅游品，是日本特为澳大利亚生产的，至于澳大利亚本身有很多的陶瓷公司为什么不自己制作，还要“麻烦”相距甚远的日本，其中缘由，不得而知。

THREE SISTERS, KATOOMBA

MARUTOMOWARE
T
MADE IN JAPAN

用千姿百态来形容烟灰缸的外观，绝不夸张，这里展示的烟灰缸中，就有几个非常特殊的造型，像保龄球、鸭舌帽、钢琴、南瓜、烟斗、马桶盖子、头盔、浴盆以及坤式手枪。

一百多年来，世界各国的设计者们，在围绕着烟灰缸长、方、圆、三角等原始形状并兼顾实际用途的基础之上，充分展现和发挥自己的想象和创造力，通过不懈的努力和探索，使原本单调乏味的盛接烟灰烟蒂的器皿，变成了婀娜多姿的艺术装饰品，足以问心无愧地出现在任何需要它们的场所，足以理直气壮地走进每一家艺术博物馆。

从古至今，花瓶始终是装饰和收藏品中的头号宠物，但有太多太多的花瓶也只是花瓶，未必都装满鲜花；而在近代，姜罐（Ginger Jar）逐渐成为很多国家的收藏热门，可没有几个被收藏的罐子里面真正装着姜。相信有一天，烟灰缸会获得更高的地位，像其他艺术和收藏品那样，仅仅扮演“装饰品”的角色，甚至成为人们点缀环境的亮点，到那时，无人去关心它们是否可以使用，而装点家居、美化环境将是它们的又一使用价值。我不是在商言商，如果认真观赏和品味一下那个鸭舌帽形状的烟灰缸，你会同意我的观点。

这顶鸭舌帽比实际帽子的尺寸还要大出一圈，它虽然是陶器，却有牛仔布的质感，有软塌塌的状态，使人产生顶在头上的欲望。我暂时没有发现它的诞生地和设计制造过程中的故事，但将它摆放在高档的帽子商店或家里的装饰柜中，丝毫不会逊色，相反，它会抓住大多数人的眼球，特别是当人们突然发现它原来是一个烟灰缸时，那种意外的惊喜一定会永久地留在记忆中。

下页左上图是一个像脸盆大小的巨型烟灰缸，四十年前手工绘制，背面的艺术家签字可证明这点。遗憾的是，因为这位女艺术家卡罗（Carol）只签了自己的“名”，而有意忽略了“姓”，很难查出她的背景和这个烟灰缸的来龙去脉，毕竟在那个时代较为出名的画家和艺术家叫Carol的有好几位，像卡罗·罗琳（Carol Rowling）、卡罗·埃尔南德斯（Carol Hernandez）和卡罗·赫斯特（ Carol Hirst）。对我来讲，这个烟灰缸究竟出自哪位艺术家之手似乎不是很重要，重要的是，它是一个“巨无霸”，摆在家里或博物馆一定壮门面。

在墨尔本，离我家最近的周末市场在旺腾纳（Wantirn），它的全称是特拉什和特雷杰市场（Trash & Treasure Market），在周末市场中，它的历史较为悠久，隶属于1967年创立的特拉什和特雷杰有限公司。这个市场可以出售的东西包括新的和二手的物品，类似工具、厨具、服装、日用品以及花草、瓜果、蔬菜和某些包装食品；不能卖的东西如宠物、家畜、有版权的各类商品、受保护的动植物、药品、烈酒、烟草、彩票、与色情有关的物品和弹药、武器等。我每个月最少会去这个市场转悠一两次，主要买花草树木和瓜果蔬菜，当然还有烟灰缸。

早些年，我每到这个市场总会有些收获，近几年常常空

CAROL
1975

Long John
SCOTCH WHISKY
SCOTCH Long John WHISKY

WADE
pdm
ENGLAND

TEACHER'S
HIGHLAND CREAM
EST 1830
TEACHER'S
HIGHLAND CREAM

WADE
pdm
ENGLAND

手而归，我以为其中一个主要原因是大量中国移民和游客的不断涌入。虽然我说这话可能会得罪人，但咱们中国人的购买力真的很强，有的时候蜂拥而上，像是在抢，不管有用没用，不论好坏贵贱，先归为己有，拿下来再说。说归说，我始终对这个市场心存感激，因为我在这里曾经捞过大“鱼”，那一网下去，沉甸甸的几十条。

那是几年前的圣诞假期，烈日下的墨尔本约40℃，我顶着一头汗水，不屈不挠地在市场里东瞅西瞧。忽然，我的眼前一亮，在地上——在那坑洼不平、杂草丛生的土地上，竟然摆着一大片烟灰缸，它们在阳光下光芒四射，甚为耀眼。我赶紧蹲下，捧起一个被阳光烘烤得滚烫的烟灰缸，看到它的正面是Long John SCOTCH WHISKY（龙津苏格兰威士忌），背面是WADE pdm ENGLAND（英国韦德），我暗自告诉自己，机会来了。

当我将一个个烟灰缸捧在手里并翻来覆去地观赏时，卖主说，那些烟灰缸都和酒有关，是我的个人收藏，因为我要和未婚妻外出度假，急需现金，所以把家当全部端出，期待遇到识货的买主。我和对方说，我听说过“韦德”这个英国品牌，很有兴趣将它们全部买下，前提条件是价格合理。卖主又问了我两遍，确认我是诚意要买后，开始一个一个地数起来，一边数一边问我，你是不是开饭馆的？或者是开烟酒店的？

这次的意外惊喜，很快充实了我藏品中的“酒牌”类烟灰缸，关键的是，这些酒牌，不单酒是名酒，生产厂家也是名厂，其中英国名瓷韦德（Wade），是生产酒牌类烟灰缸当仁不让的老大，早已名扬世界。

关于英国韦德陶瓷创立初期的历史，有很多不同的版本，普遍认可的说法是：韦德陶瓷始于 1867 年，由韦德家族的几个成员联合组成，而正式成立“韦德陶瓷有限公司”则是 1958 年。当年韦德陶瓷的主要家族成员包括以制造工业陶瓷为主的韦德和米亚特（Wade & Myatt）、生产装饰品特别是艺术花瓶的约翰·韦德公司（John Wade & Co.）以及曾为伦敦地铁供应瓷砖的 J 和 W 韦德（J & W Wade）。

另外一种说法：大约在 1930 年，乔治 韦德（George Wade）从竞争对手亨利·哈伦（Henry Hallen）的手中接管韦德公司后，亨利宣称其公司早在 1810 年已经成立，为此，韦德陶瓷只好将它的历史向前延伸了 57 年。乔治掌握韦德公司最大的控股权期间，在爱尔兰创立了子公司并将两国的韦德公司经营得有声有色，直至他 1986 年病逝。1987 年，韦德陶瓷由卜福德（Beauford）公司接管。1999 年左右，爱德华·杜克（Edward Duke）成为韦德陶瓷控股有限公司董事长。2010 年，韦德公司坐落在伯斯勒姆（Burslem）的工厂，也是韦德陶瓷在英国的最后一个工厂被英国地产开发商收购，至此，结束了韦德陶瓷的辉煌历史。

韦德陶瓷的发展过程错综复杂，众说纷纭，一本书也未必讲得清、容得下，但韦德陶瓷跨越了两个世纪近两百年的历史是事实，韦德陶瓷不仅得到英国和爱尔兰民众的推崇，更得到世界各国陶瓷专家和收藏爱好者的喜爱也是事实。

收集韦德陶瓷是很多国家尤其是英联邦国家的一个广泛爱好，其中各种实心的小动物雕像一直是热门藏品。第二次世界大战以后，因为英国本土被大面积破坏，地处北爱尔兰的韦德公司一下子接到大量订单，生产了很多工业和生活用瓷。从那以后的很长一段时间里，爱尔兰韦德公司为一些茶叶商生产附赠的礼物——买一盒茶叶赠一个小动物。这些小动物是系列产品，每一批产品有十来个不同造型，只生产一次，很难凑成一套，致使这些小东西的价格与日俱增。为了有别于英国韦德公司的产品，爱尔兰韦德公司生产的陶瓷用三叶草做商标，三叶草是爱尔兰的国花。

我们常说，烟酒不分家，韦德公司所制造的酒牌烟灰缸从另一个角度验证了这种说法。韦德陶瓷先后为诸多名牌酒厂生产了酒牌烟灰缸，早期的目的是为了促销各种酒特别是威士忌。随后，为了扩大影响，很多大饭店和酒吧都摆着各类酒牌烟灰缸，顾客边抽边喝，相得益彰。然而，随着时代的变迁，随着公共场所的烟灰缸不断遗失和损坏，随着世界各国先后实行室内禁烟，酒牌烟灰缸逐渐在市面上消失，躲进了收藏者的柜子里。

韦德所制造的酒牌烟灰缸，的确是高质量甚至可以用完美来形容，它们绝对不会使那些名酒掉价，反而增光添色。很多世界名酒，我是通过收藏烟灰缸才知道的，我甚至有此计划，为每个酒牌烟灰缸配上一瓶相对应的原装酒。当然，这只是一个计划，能否实现，听天由命。

古船酒瓶烟灰缸，是我确定的名称，虽然稍显烦琐，但是实际情况，我索性把它们拆开来讲。

DEWAR'S
AGED 12 YEARS
ANCESTOR
SCOTCH WHISKY

WADE
pdm
ENGLAND

CHARRINGTON
ESTABLISHED
1757

T
TENNENT'S EXTRA
EXPORT LAGER

"King George IV"
OLD SCOTCH WHISKY

CASTLEMAINE
XXXX
DRAUGHT LAGER

首先，它们的造型是欧式古船。在古时候，小船的唯一动力就是船桨或是船橹，而大船的动力则依靠风力船帆和人力划桨。有的大船的船帆达几十米高、十几米宽，船的两边伸出去的木桨也有几十只，需要的时候，几十个水手在船长的指挥下齐力划桨，如同中国的赛龙舟。出于制作角度考虑，这几条船形烟灰缸的设计舍弃了一些不必要的细节，毕竟它们是酒瓶，而不是单纯的装饰品。其次，我收藏的酒瓶里都装着满满的酒，原始木塞，还未开封。有些酒瓶产自法国，有的则是澳大利亚代制作，但它们所装的是同样的法国酒 Crème De Menthe。这是一种用薄荷和奶油勾兑的薄荷味很浓的酒，用它可以调制几种不同的鸡尾酒，也可以当作餐后酒直接饮用，还有一些法国餐馆把它当作烹饪用的香料，与中国黄酒的作用相同。最后也是最关键的，它们还是烟灰缸，具备了烟灰缸的所有特性。简言之，它们最少有四个亮点：陶质古船可作为装饰品，法国美酒可以享受，当烟灰缸使用简而易行，有无法替代的收藏价值。

我不知道这种酒是否仍在生产，但我可以断定，这种造型的带有烟灰缸功能的酒瓶不会再出现，就是将来发现仿制品，也没有收藏的实际意义。再说了，那种时光导致的褪色和岁月留下的残痕是很难模仿的。

看了英国和法国的酒牌烟灰缸，意大利的产品明显逊色一筹，这也是我收藏的数量很小的原因之一。之所以在酒牌这节中也想聊几句意大利的品牌，主要是我收藏的一个意大利烟

CRÈME DE MENTHE

San Marco
Liqueurs
CREME DE MENTHE
PRODUCE OF
AUSTRALIA
BOTTLED UNDER
CUSTOMS SUPERVISION
NET CONTENTS

HINE
COGNAC

MADE IN FRANCE
MODELE DEPOSE

COURVOISIER
COGNAC

MADE IN FRANCE
PROCERAM
AUBAGNE
EN PROVENCE
65
ROUSSILLON

灰缸它的正面写着：STOCK ITALIAN BRANDY，意为“斯托克意大利白兰地”。

提到白兰地，我相信很多人和我一样，首先想到法国，因为白兰地起源于法国。早在公元12世纪，法国干邑生产的葡萄酒就已经销往欧洲各国，外国商船也常来夏朗德省滨海口岸购买葡萄酒。约在16世纪中叶，为便于葡萄酒的出口，减少海运船舱的占用空间及大批出口所需缴纳的税金，同时也为避免因长途运输发生的葡萄酒变质的现象，干邑镇的酒商把葡萄酒蒸馏浓缩后出口，然后输入国的厂家再按比例兑水稀释出售,这种把葡萄酒加以蒸馏后制成的酒即为早期的法国白兰地。当时，荷兰人称这种酒为“Brandewijn”，意思是“燃烧的葡萄酒”（Burnt Wine）。

白兰地还被人们誉为“葡萄酒的灵魂”或“生命之水”，世界上生产白兰地的国家很多，但以法国出品的白兰地最为驰名，而在法国产的白兰地中，尤以干邑地区生产的味香色浓，其次为雅文邑地区所产。除了法国白兰地以外，其他盛产葡萄酒的国家，如西班牙、意大利、葡萄牙、美国、德国、秘鲁、南非、希腊等，也都生产一定数量和风格各异的白兰地。

回到意大利白兰地，我少有机会亲口品尝，因为洋酒当中，我最爱伏特加（Vodka），其次是威士忌（Whisky），偶尔喝一两口白兰地也是附庸风雅，为了应酬。还是因为收藏烟灰缸，才使我了解到意大利也是生产和销售大量白兰地的国家之一，同时也是出口白兰地最多的国家之一。意大利生产的名牌白兰地有布顿（Buton）、维基亚·罗马尼亚（Vecchia Romagna）和斯托克（Stock），下图中所展示的酒牌正是斯托克。

还有一种酒叫沁扎诺（Cinzano），是味美思酒也叫苦艾酒（Vermouth），它是意大利金巴利集团拥有的品牌。而坎培利（Campari），则是一种从草药和水果液里提炼原料并勾兑而成的开胃酒，它的颜色为独特的暗红色，也常常用作调兑鸡尾酒。

按照传统的说法，葡萄牙属于老牌的帝国主义国家，也是最早在世界范围内开辟殖民地的国家之一。而葡萄牙的陶瓷业也有数百年的历史，丰富的产品大致分为五个不同的系列，即建筑陶瓷、地板和墙面瓷砖、卫生器皿陶瓷、实用和装饰陶瓷以及特种陶瓷。烟灰缸应该属于第四种：实用和装饰陶瓷。

大概是因为葡萄牙距中国和澳大利亚太远的缘故，我很

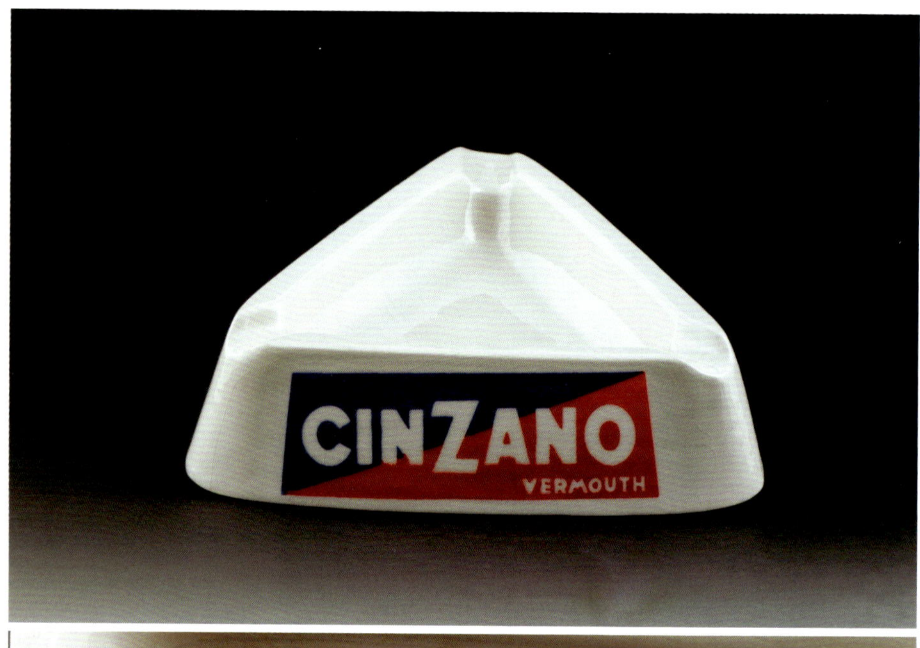
CINZANO
VERMOUTH

CERAMICA E. PIOLA
MADE
IN
ITALY

CAMPARI

original ® CAMPARI Thun design · made in Italy

少遇到葡萄牙生产的烟灰缸，当年我第一次发现一个葡萄牙的酒牌烟灰缸时，我还误以为是英国或法国制造，后来通过烟灰缸上面的 Barros（巴罗斯）一词使我了解到葡萄牙历史悠久的甜酒（Port）。葡萄牙甜酒也称甜葡萄酒（Port Wine），主要产自葡萄牙北部杜罗河谷（Douro Valley），这种酒通常是深红色，甜度很高，酒精含量也较高，适合作为甜点即饭后酒饮用。澳大利亚、法国、南非、印度、阿根廷、加拿大和美国也生产类似的酒，但葡萄牙被公认为甜酒的发源地，酒味最纯正。

这个烟灰缸上的另一个标记 Almeida & Co.（阿尔梅达公司）则是葡萄牙颇具规模的酒业公司，该公司的口号就是：我们竭尽全力，寻找、鉴定和提供“液体历史”——地球上最古老的酒。我很是欣赏“液体历史”（Liquid History）之说法，既有韵味，也有气势。

将酒牌烟灰缸的造型设计为一个酒瓶子的横切面，我拿不准是葡萄牙首创还是日本人在先，这种构思确实巧妙、经典，使用的同时，也提高了产品本身的视觉冲击力。记得前些年经常可以遇到类似造型的烟灰缸，近几年却很少发现，我以为造成这种现象的原因有两点：生产厂家逐年减产，收藏者却逐日增多。

BARROS, ALMEIDA & C°
OPORTO
BARROS

GESOL
MADE IN PORTUGAL

CASAL GARCIA
AVELEDA
ESTATE BOTTLED
VINHO VERDE
S.DA AGR.A DA QUINTA DA AVELEDA, L.DA
PENAFIEL
PORTUGAL

SECIA
MADE IN PORTUGAL

MATEUS

SECLA
MADE IN PORTUGAL

烟牌烟灰缸是我的又一类收藏，比如登喜路（Dunhill）、肯特（Kent）、骆驼（Camel）和爱丁堡（Edinburgh）。烟牌和酒牌烟灰缸有很多相似之处，第一个显著的共同点就是在烟灰缸正面点名主题：烟或酒的名称。其次，烟灰缸的制造商未必出自烟和酒的原始生产国，有的国家可以生产一流的烟或酒，但未必能制造出上等的烟灰缸。最后，烟和酒牌烟灰缸的造型和色彩相对都很大方、传统，忠实于原产品的风格，张扬适度，很少哗众取宠。

不同的是，受世界各国对烟草宣传和广告管理的约束，烟牌烟灰缸的产量不是很多，估计连酒牌烟灰缸的十分之一都不到，从这个角度讲，收藏烟牌烟灰缸比酒牌烟灰缸的难度略微大一些，收藏价值也相对高一些。

还是那句话，如果不是收藏烟灰缸，我无缘了解世界各国不同种类的名烟和名酒。在日常生活中，那么多的好酒，就是偶尔喝一回，也很难记住它们的名字，而一旦喝大了，酒的名字就会随着模模糊糊的睡梦一起消失，烟灰缸恰恰帮助我永久地保存了这些记忆。

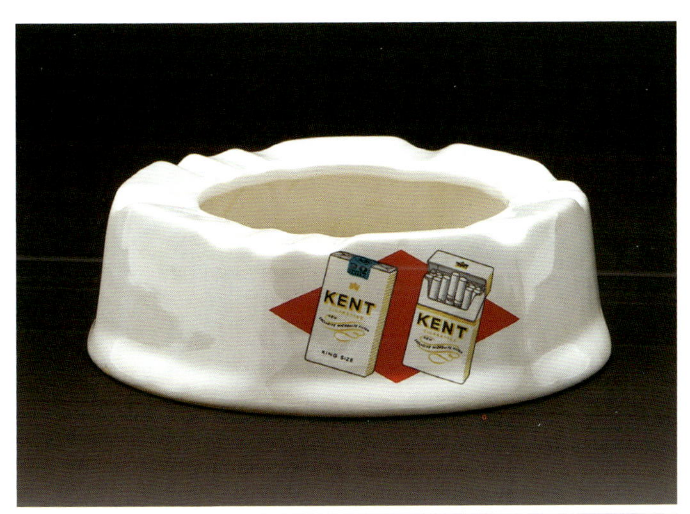

MADE IN U.S.A.

EXCLUSIVELY FOR

P. LORILLARD CO.

BY

CONTEMPORARY CERAMICS

CHATHAM, N. J.

DUNHILL

baz

Edinburgh
KING SIZE FILTER

Diana
Pottery
SYDNEY

CAMEL
CAMEL
CAMEL
CAMEL

陶瓷手托烟灰缸和金属手托烟灰缸的大小相似，形状也相似，基本上围绕着迷你帽子、迷你鞋和迷你靴子，只是金属中偶尔会见到钥匙链或怀表的造型。

我有时候想，这种微型的手托烟灰缸之所以红极一时却没有长久盛行，有主观和客观双重原因。主观原因是这种烟灰缸的体积实在太小，装上三两个烟头就“超载”了。客观原因是这种烟灰缸的设计本意是为了家庭聚会所用，但大多数烟民都怀有各自“处理”烟头的绝技，在没有烟灰缸的情况下，也能不留下抽烟的痕迹，比如埋在花园的泥土里或扔在厕所的马桶中。这样一来，手托烟灰缸的“文明初衷”就变得“多此一举”。不难想象，在现如今的家庭或公司聚会中，手上举着一个烟灰缸到处转悠，会显得矫揉造作甚至惹人反感。

作为旅游纪念品，手托烟灰缸虽然谈不上热销，但从未停止生产，我曾经遇到过专门收藏小鞋（靴）的发烧友，听说她的收藏数量已达到四位数以上。我看过几张照片，藏品中多数是手托烟灰缸，但她并不在乎，她只关心那些迷你小鞋的造型、色彩、出产地和它们背后的故事。这也是收藏或者说偏门收藏的一种墨守成规的思维方式：不考虑藏品本身的实际用途，只关注同类藏品的与众不同。

顺便说一句，很多人觉得鉴定一个器皿是不是烟灰缸的首要特征是表面应该有“烟托”（烟槽），其实未必。有烟托的器皿肯定是烟灰缸，也有很多烟灰缸没有或忽略这个细

节，烟托不是不可或缺的标记，毕竟只有少数人愿意把抽了一半的烟放在上面，过一会儿拿起来继续抽。烟托，就是一个点缀，有了不嫌多，没有不觉少。德国生产的黑陶小鞋也是手托烟灰缸，却没有烟托，而且它颇具收藏价值，因为是限量版产品，摔碎一个少一个，不可能再有相同的新产品问世。

组合也称套装烟灰缸的生产量很小，销量也很小，日常生活中使用的机会很小，使用者亲自购买的概率也很小，但组合烟灰缸在烟灰缸的世界里占有举足轻重的位置。作为礼物，组合烟灰缸馈赠有抽烟嗜好的亲朋，绝对是一个上档次的选择，起码早些年是这样。

曾经提到大多组合烟灰缸比较人性化，设计者在设计初始，就已经考虑到了使用者的基本需求，力争面面俱到。

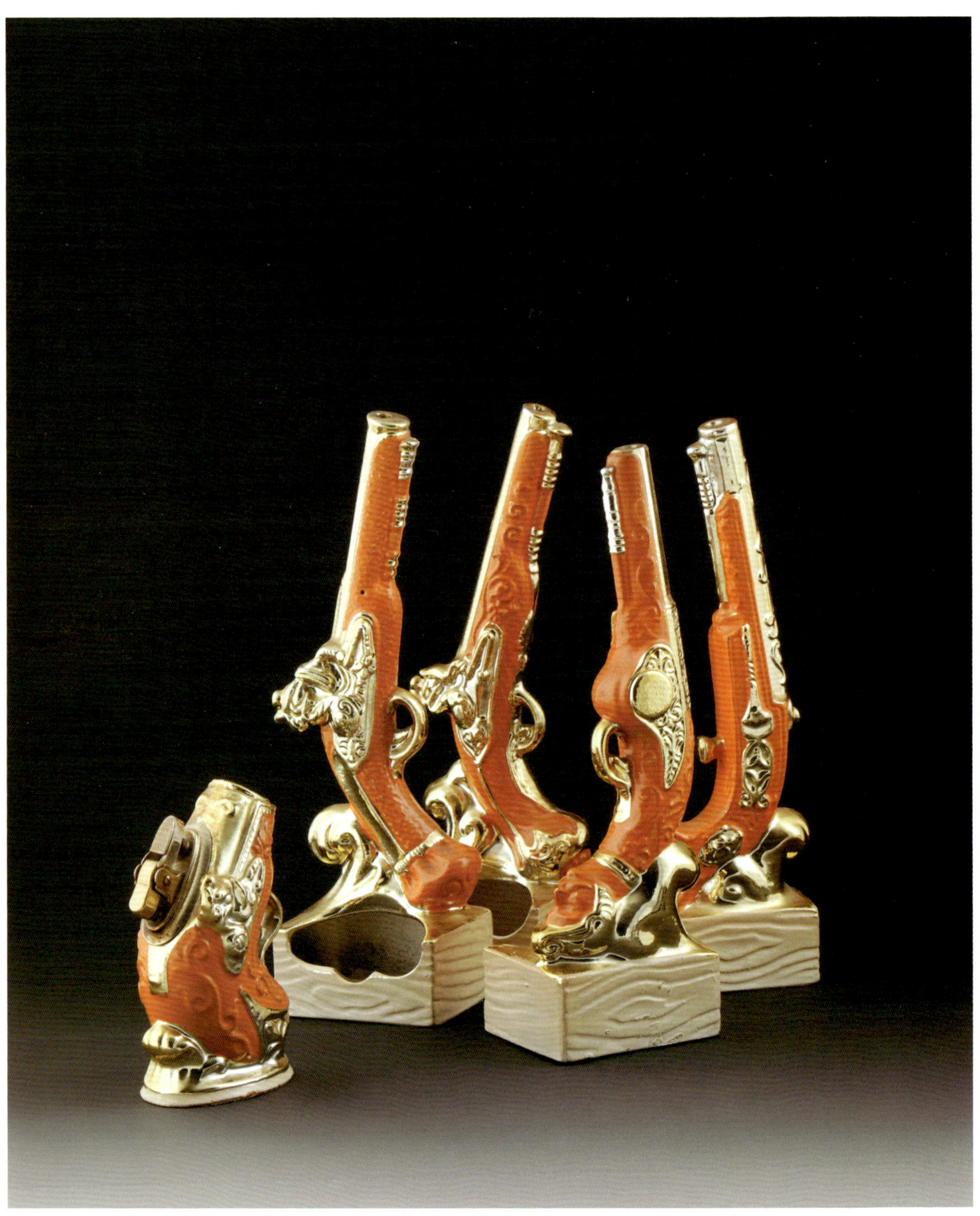

Brymay
Redheads
matches

以下页图那套烟灰缸为例，它由四件套组成：烟盒、火柴座、烟灰缸和包装盒。作为一般的吸烟者在使用时，这套组合烟灰缸完全够用，将香烟拆开后放在烟盒里，能保持一定湿度，随手拿起很方便，给客人上烟，也显得体面、有派；早期火柴盒大多是“马粪纸”做的，比较软，经过携带挤压后，往往不成样子甚至影响使用，如果放在火柴座上，就起到了支撑和保护的作用；烟灰缸的形状相对比较实用，口小肚子大，在户外使用遇到微风，不至于使烟灰四处飞扬；包装盒是丝绸内里，皮革外围，既安全防碎又大方华贵。

从包装盒内层的商标看，这套烟灰缸应该是特为总部设在印度首都新德里的珠宝首饰连锁店——杰茜珠宝店（Jassi Jewellers）生产的，该珠宝连锁店以出售金银饰品为主，可以根据客户的不同需求及经济条件设计和制作各种不同款式的耳环、项链、戒指、手链等。而生产这类组合烟灰缸权当礼物盒使用，随同贵重的首饰赠送尊贵的客人。这只是我的猜测。

像金属群照一样，拍摄陶瓷烟灰缸群照的主要原因是担心书的容量有限，很难给每个烟灰缸提供一张独立照片的位置，只好用此大合影来找补。请摄影师拍摄群照时，受现场条件和时间的约束，没有细致地分类，也没有认真地排列，看上去颇像农贸市场的货架子，摆满了瓜果梨桃。

虽然是群照，但并不是说这些烟灰缸没有故事，没有说头，没有收藏价值。每一组当中，有立体的，也有平面的，还有一

JASS JEWELLERS
"SILVER ROOM"
G-7, 1ST. FLOOR,
SOUTH EXTN. MARKET
PART I
NEW DELHI-110049
PH : 4615015 - 4691493

些造型和款式相同只是颜色有所区别。在下页图偏下位置，有30 多个来自爱尔兰的早期产品，它们的整体颜色非常近似，只是图案不同——打猎的、钓鱼的、驾车的、耕田的，总之展现的全是民间百姓的普通生活。不知道为什么，爱尔兰的烟灰缸很结实，记得有一次拍照，不小心把一个烟灰缸掉在了地上，原以为它会粉身碎骨，捡起来以后才发现皮毛未伤，我所收藏的爱尔兰烟灰缸全是完好无损的也能证明这一点。

群照里还有 30 多个手托烟灰缸，以荷兰产的蓝白小鞋为主，其中有的像拇指般大小，一两个烟头就能把它们塞满，若按烟灰缸而论，它们绝对属于最小号的，但从其他角度讲，这类微型的（miniature）饰品包括烟灰缸，拥有较大的粉丝群，很多人尤其是女性乐于收藏，而价格相对便宜及易于携带和摆放或是其中一个原因。

FOSTER'S
MITSUBISHI MOTORS
Marlboro
CROSBY TILES
SEPPELT WINES
SEPPELT WINES
Haig
Disneyland
MARTELL

STOCK
Frigate. Real rum.
Johnnie Walker
Red Label
JOHNNIE WALKER
Johnnie Walker
Mobil
TENNIS ANYONE?
DON'T CRITICIZE YOUR WIFE'S JUDGEMENT LOOK WHO SHE MARRIED
HYDRO-JET
BOTTLE CLEANER
THE UNITED INSURANCE CO. EST. 1862
HAVE A NICE DAY
KAISER STUHL
WINES · BRANDY
BAROSSA VALLEY
TANQUERAY
ENGLISH GIN
EXTRA STRENGTH RUMPORTE
DAD
PARIS
I hate smoking
SHERRY
McWILLIAMS
Cream
TANKARD
北京大酒楼
PEKING RESTAURANT
FREMANTLE
Champagne
Are your Balls evenly weighted?
MILDARA

Asbach Uralt
PASTILLA SHERRY
Kronenbourg
Asbach Uralt
MANLY
ASHTRAY
Coors
akadama
BACARDI
DOUBLE DIAMOND
HEYDT
38 VOL%
CANBERRA
STOCK
CANADA
MACLEAY DUFF
SCOTCH WHISKY

Kaiser Stuhl
Wines
SUN YOUR BUNS IN
THE BEER OF THE SOUTH PACIFIC
SP
TEACHER'S
Johnnie Walker
Red Label
CARVING
TOBY
ROOM
Haig
STOCK
TASMANIA
Grant's
Scotch Whisky
MACHUPICCHU
CUSCO-PERU
SEPPELT
WINES
Scottish Cream
DANGER
HANGOVER
UNDER
CONSTRUCTION
La Popotte

谁都知道，玻璃和金属是截然不同的两种材料，甚至属于“敌对”关系，再结实的玻璃遇到金属比如铜和铁，也是甘拜下风，躲得越远越好。可是历年来，人类在工艺和装饰品设计和制作过程中，充分发挥了自己的聪明才智，使这两种相互“抵触”的材料完美地结合在一起，随后图中展示的那几个烟灰缸就是最好的例子。

玻璃和金属组合而成的烟灰缸常以玻璃为主体，金属为附体，实际使用的烟灰池由玻璃制成，金属则起到支托、框架、连接和点缀的作用。使用最多的金属是铜和铁，其次是铝和银。

我非常喜欢那个玻璃和金属组合烟灰缸中的四件套，它是由烟灰缸、烟罐、火柴座和托盘组成。大多数组合烟灰缸不带托盘，挪动时，要一件一件地搬运，有了这个托盘，可以轻而易举地整体搬迁，自己使用或待客都非常方便，使人不得不赞叹这套烟灰缸的原始设计者想得具体、周全、体贴人心。它是英国二十世纪三四十年代的产品，做工也非常讲究、精细，几乎无懈可击。走过了大半个世纪的它，依然完好如初，毫无残缺，能被我淘到，算是我们彼此的幸事。

还有一套烟灰缸组合也是值得称赞的设计，它是由烟灰缸、打火机、火柴座、底托和小提手共 5 个部件组成。我尤其欣赏那个小提手，虽然它没有被安排在绝对中心，可一旦提起它，整个烟灰缸绝不会东倒西歪，反而四平八稳地集体行动。将这套组合固定在某一位置时，这个小提手也丝毫不显得多余，更不会喧宾夺主。这个组合虽然是现代产品，但

类似的 24K 金镀金限量版烟灰缸在市面上并不多见，如果没记错，我是 2013 年在维多利亚一个乡间小镇的古董店里发现的它，当时要价不菲，有点像“镇店之宝”。店主非说它是“金”的，我说是“镀金”的，并以那个原始小标签为证。店主没兴趣和我理论，面无表情地说，我没有强迫你买，请将它放回原处。我担心自己再没有机会重返那个小镇，只好花了比我的心

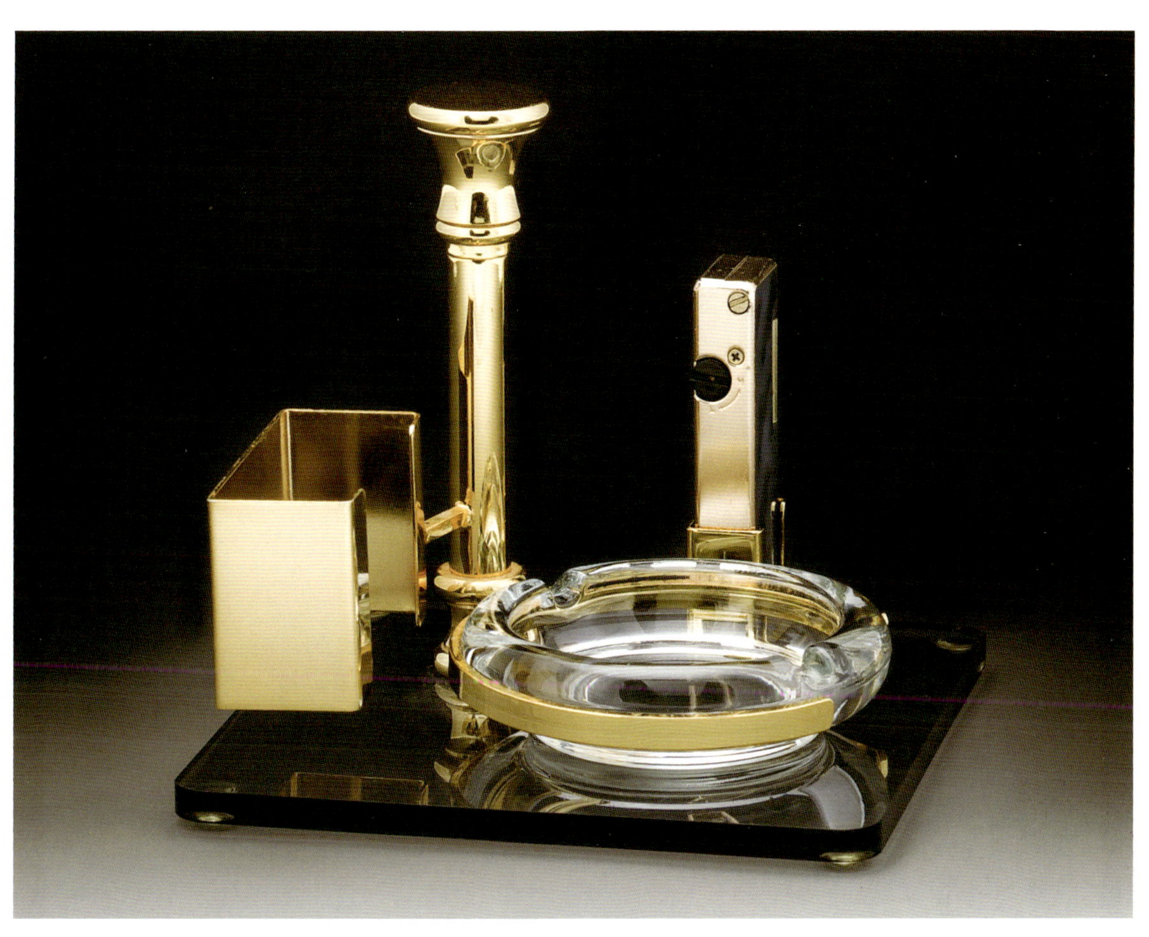

理价位高出一倍的价格购买了它，谁叫我喜欢呢。

作为收藏者，有的时候真得控制好自己的情绪哪怕受点委屈，随时随地提醒自己保持冷静的心态，如果因为价格问题和卖主产生分歧，索性一赌气走人，最终后悔的是卖主更是自己。

我只收藏了很少数量的动物类玻璃烟灰缸，商店里出售的新东西不愿意买，老玩意儿又常有磕碰甚至缺胳膊断腿。随着年龄的增长，我的老眼花了以后，挑选玻璃烟灰缸的重任由双手接替了，每次遇到玻璃烟灰缸，单用眼睛来鉴定已经不够用，还要一只手稳稳托住，另一只手上下左右摸来摸去。虽然如此，也常有“失手”的时候，拿回家后才发现小小的磕碰或者划痕，那也只好认了。

我有两个无色玻璃马烟灰缸，一个是立体的，一个为平面的。前面说过，判断一个器皿是不是烟灰缸，缸面带有烟托（槽）是主要依据，但不是决定因素，因为有相当一部分烟灰缸没有烟托。在发现那个立体马之前，我曾经买过一个与其一模一样的玻璃器皿，虽然没有烟托，我却当烟灰缸收藏。在我还没来得及将它打包装箱送进库房之前，我的一个西人朋友来家串门，看到那匹玻璃马之后对我说，它绝对不是烟灰缸，勉强当一个小花瓶或者是装各类小饰物的首饰盒（Trinket Box）。我虽然不愿意相信他的说法，但他毕竟是收藏界的前辈，很少信口开河。他走了以后，我花了很长时间在网上查询，最终的结果是，他所说的，基本正确。

我将此事和一个华人朋友聊起来，他建议我不要听那些鬼话。他还说，是不是烟灰缸，应该你说了算，你把它当作烟灰缸使用，而且用起来挺方便，它就是实际意义上的烟灰缸。我不反对朋友的观点，但对于我——一个烟灰缸收藏者，一个将自己多年的收藏经历和经验汇集成书的人，就有必要在这些方面跟自己较真儿，以免误导读者。

巧了，就在不久前，我居然又发现了一个马拉车，而且在烟灰池（马车）的上方，前后各有一个烟托。虽然烟灰池的边缘较窄，把抽了半截的烟架在上面有些不稳，但那两个明显的烟托坚定了我确认它为烟灰缸的信心。

是否可以说，收藏烟灰缸的首要依据应是它的观赏性，其次才是它的实际使用性,这也是收藏者和使用者的区别所在。收藏者希望它们好看，使用者希望它们好用。

收藏烟灰缸，不像收藏怀表、闹钟或照相机，需要时不时地把它们请出来活动活动身子骨，免得停摆或失灵，烟灰缸挺好伺候，只要金属器皿防锈，陶瓷和玻璃器皿防磕碰，竹木制品注意湿度以外，常年不搭理它们，它们也无怨无悔，室内外展示或打包库存，都非常简单。

被称为“艺术玻璃”的产品，不光是烟灰缸，也包括花瓶和其他饰物，目前在市场上比较紧俏，售价相对偏高。据我所知，图中展现的那个玻璃“小丑”烟灰缸属系列产品之一，除了那张小白脸不变以外，还有其他的颜色替代黄色小帽和红色套装，我隐约在哪儿见过它的兄弟姐妹，但没顾上买或者觉得要价偏高，我想早晚会有机会把它们凑齐，实在凑不齐也无伤大雅。收藏的另一个正确的心态应是拿得起，放得下，不能急于求成，非要一口吃个胖子。

我始终坚信，如果将来有机会办展览或者创建烟灰缸博物馆，玻璃饰物烟灰缸一定会抓人眼球，大放异彩，将上百个

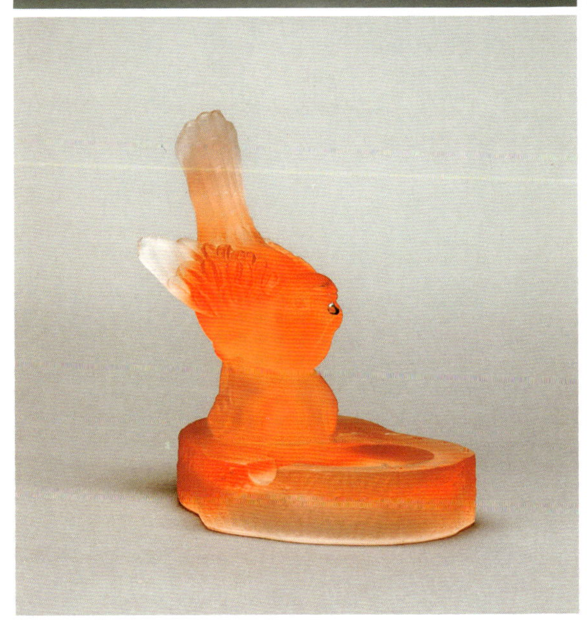

BÉNÉDICTINE

TRY OUR
NEW
CREDIT
PLAN.....
100% DOWN
NO PAYMENTS

玻璃烟灰缸摆在一起，配以合适的灯光和背景，眼前所展现的将是一番晶莹剔透、色彩斑斓的奇异景象。只有玻璃器皿才会出现这种效果，只有玻璃器皿才会有这种多彩多姿的变化。

我仅选择了四个立式的玻璃烟灰缸编入本书，它们各有各的特色。比较而言，排在下页左一的那个金属和玻璃组合烟灰缸的历史最为悠久，不仅是金属支架上的斑斑锈迹，更重要的是早期玻璃以及制作工艺体现出它的年龄。单看顶部的玻璃烟灰缸，平平常常，没有特点可言，其主要收藏价值体现在那三个串在一起的椭圆形玻璃球上。从设计风格来分析，它应该是 20 世纪 40 年代意大利的产品，手工制作。值得注意的是，这类藏品需要精心保护，一旦任何一个玻璃球出现裂痕甚至碰碎，将是无法弥补的损失，因为这种老玻璃早已停产。

还有一个立式烟灰缸实际上是一个老式茶几，烟灰缸两旁可以放茶杯，下面一层存放报刊，它是我在墨尔本的 Garage Sell（车库出售）购买的。在澳大利亚、英国、美国等很多国家，这种“车库出售”的形式至今非常流行，一些家庭在周末尤其是赶上好天气，将家里不需要的旧物品比如家具、厨具、工具、衣帽和工艺品摆在自家车库甚至院子里廉价出售，认真一些的家庭会在地区报纸上登一个小广告，大部分人则在街头巷尾的电线杆子上挂一块醒目的牌子为路人导航。这种买卖形式，不用交税，简单易行，随时可以清理家中的废旧之物，也为像我这样的人提供了“淘宝”的机会。

这个茶几式烟灰缸是一位澳大利亚老太太卖给我的，她说她当年和老伴儿常常坐在茶几两旁的沙发上，一边抽烟一边看报，有时候伴着午后的阳光，两个人看着看着就睡着了，谁要是先醒，会提前为另一位沏杯咖啡或泡杯热茶，然后再接着看报、闲聊。去年，老伴儿提前一步去天堂报到了，她也把烟戒了，不是怕生病，而是澳大利亚的烟太贵，政府还在不断地加税，实在抽不起了。老太太问我抽不抽烟，我点了一下头，她说那正好，你可以接着用这个烟灰缸，很方便。

我没有告诉老人我买烟灰缸只是为了收藏，但她给我讲的有关这个烟灰缸的故事已藏在我的记忆中，每当我看到这个烟灰缸，便想起那位慈眉善目的老人并默默地祝愿她健康长寿。

谈到玻璃烟灰缸，就不能忽略“艺术玻璃”（Art Glass）这个定义。我最初认为，凡是早期生产的有不同颜色和不同造型的玻璃艺术品都是艺术玻璃，后来发现“艺术玻璃”和“玻璃艺术”是两码事。广义的“艺术玻璃”覆盖了所有

以玻璃材质为载体，体现设计概念和表达艺术效果的玻璃制品，包括艺术作品、工艺品和装饰品等。而狭义的“艺术玻璃”则仅仅指的是艺术作品，最为典型的是那些古老教堂顶部的五颜六色的玻璃窗，它们为教堂渲染着一种艺术和庄严的气氛。而“玻璃艺术”是以玻璃为载体的一种艺术，玻璃只是一种材料，可以制造出各种形状，也可以施加任何色彩，还可以实行切、磨、抛光、窑铸、烧制等机具加工和蚀刻，使之符合人们的审美需要，富有功能性和艺术性。可以说，“艺术玻璃”和“玻璃艺术”之间，既有区别又有联系，在制作过程和生产方式中既有延续性和发展性，又有在各自领域中不可替代的重要位置。

依据上面的定义，我的玻璃烟灰缸群照中能被归纳为“艺术玻璃”的产品大约占五分之一。

我不认为艺术玻璃烟灰缸就一定比普通玻璃烟灰缸具有收藏价值，还要参照的因素包括生产年代、生产数量、生产工艺和生产厂家。但是在古董店、旧货店和跳蚤市场选购玻璃烟灰缸时，很多卖主愿意强调“艺术玻璃”这一概念，其

DUBONNET
BELLS
COGNAC
AUBINAUD
Champignolles
Kronenbourg
ROMANOFF
VODKA
MERCIER
CHAMPAGNE
V.S.O.P
CHATELLE
NAPOLEON

YOUR BEER --- CARLTON DRAUGHT
YOUR BEER --- CARLTON DRAUGHT
CARLTON
CYPRUS
ROTHMANS
KING SIZE FILTER
RICARD
FOSTER'S LAGER
FOSTER'S LAGER
ASAHI SUPER DRY
NAVY
Haig
BIVIANO BROS.
McWILLIAM'S
MELBOURNE BITTER
MELBOURNE BITTER
McWILLIAM'S
JCB
COGNAC CAMUS

目的是想引起买主的重视并为自己报出的偏高的价格找个依据。也就是说，如果烟灰缸由所谓的“艺术玻璃”制成，售价比普通玻璃会相对高一些。

很难想象在金属、陶瓷和玻璃烟灰缸之后，出现的竟然是竹木制品，也不敢相信我在不知不觉中收藏的竹木烟灰缸的数量还挺大，毕竟竹和木都是怕火的材料，烟灰缸又不可能不与火打交道。

竹子的种类非常多，较为著名的品种就有近百个。同样，树木的种类就更多了，精挑细选最主要的还有二十几种，包括黄花梨、紫檀、酸枝木、鸡翅木、橡木、栎木、胡桃木、樱桃木、枫木、桦木、榉木、松木、鹅掌木、杨木、杜木、柏木、樟木、核桃木、楸木、楠木以及雪松木、乌木、洋槐木等。我认为没有必要详分细解每个烟灰缸具体使用的是哪种竹或哪类木，但竹木制品的确在烟灰缸的世界里占有自己的一席之地，且年代颇为悠久，造型千变万化，以其百态多姿的形式展现着不同国家的人文、历史和艺术特色。

我特意将瑞士（Switzerland）生产的木质烟灰缸放在竹木类的主要位置，因为它是我的心爱之宝。我第一喜欢它的造型，一幢古朴典雅的木质小屋，门口有一口硕大的水井（烟灰缸）。第二喜欢它的做工，木门、窗户和窗户下的长凳，每个细节都得到精心细致的展现。第三是它的生产地瑞士，这个令无数人向往，有“世界花园”之美誉的国家。第四是它藏而不露地附带烟盒功能，将斜面房顶掀开，即可看到装香烟的盒子，使用非常方便。第五，也是最关键的，在房顶被掀开的瞬间，悠扬的音乐会随即而起，有板有眼地奏响《我的蓝色天堂》（*My Blue Heaven*），这首在 20 世纪 50 年代流行的老歌，曾先后由诸多大牌歌星轮番演唱，歌迷也是一代接着一代。使我难以置信的是，这首乐曲通过烟灰缸内暗藏的八音盒演奏，依然美丽动听，令人回味无穷。

毫无疑问，这个瑞士早期手工制作的烟灰缸，以其多功

能的组合加之完好无损的品质，定是烟灰缸中的佼佼者，极具收藏价值。

竹木材料本身相对松软，致使绝大部分竹木烟灰缸都是手工制作，尤其是木质烟灰缸，往往选用一块完整的木头，手工雕刻，一气呵成。

还有一个颇为特殊的木雕烟灰缸被我称为“月亮老人”，产生这个想法的原因是那弯弯的下巴很像月牙。后来再细看，又觉得不是，因为他的面部过于年轻，没有老人的沧桑。不过对于一个木雕作品而言，真想雕出年龄感，确实有些难度，雕几缕胡须，刻几道皱纹也未必就成老人了。虽然它背面的胶条已经磨损脱落，但隐约可见英文国名“菲律宾”（Philippines）。我所收藏的烟灰缸当中，来自菲律宾的产品很少，偶尔遇到，也未必能够看上眼。这个木雕烟灰缸还算与众不同、别具特色，能够感到它曾经为早先的主人效力多年，在烟托、缸池的四周和底部留有一些烟熏火燎的痕迹。

我不知道各个国家是否有针对木质烟灰缸采取的安全措施，但我觉得所用木材应该做一些技术处理，以免在使用时引火烧身。这个烟灰缸的雕刻水平谈不上出众，但它值得收藏，因为手工雕刻的产品不可能产量很高，更不可能千篇一律。不敢说这一个就是唯一，但同类产品一定不多。

借此提醒刚刚步入收藏界的新人，如果新发现的藏品上贴有（悬挂）生产厂家或制作者的原始信息，务必保存好，那是最重要的材料，是未来研究和鉴定收藏品的第一手参考依据。

我收藏的木质动物类烟灰缸以大象与蛇为多，其次还有鳄鱼、老虎、牛、兔子和鸟。

在很多地方，经常可以看到大象与蛇组合的硬木烟灰缸，有的是黑木，有的是红木，它们的做工都很讲究、细腻，造型逼真、传神。每次看到这类烟灰缸，我自然而然地想到“人心不足蛇吞相”这句话，也有一些书上印成“人心不足蛇吞象”，意为人心永远不能满足，贪心太重，就像蛇一样，想把一头大象吞掉。据说这个俗语是由成语“巴蛇吞象”演变而来。除此之外，还有另外几个不同的版本，在此不一一赘述。

看到大象与蛇的组合，我还会想到印度，在印度很多山区甚至一些城市，人们常以大象作为代步“工具”，为此产生了一种特殊的职业：象夫，正是象夫们把野生大象驯化为工作象——为人类干活的大象。

印度人崇敬的动物有四种：大象、神牛、蛇和猴子。其中最受推崇的应是大象，大象是印度国家形象的标志。在印度，最常见到的是象头人身的雕像——象头神，他是印度教最受崇敬的神之一，是智慧和财富的化身。由于象头神是智慧之神，孩子们在上学前要向他朝拜；由于象头神还是财富之神，商人们对他礼拜最勤。

作为世界四大文明古国之一的印度，蛇文化同样源远流长，据说，印度人对蛇的崇拜已经有五千多年的历史。在中国的神话里，龙擅长行云布雨；而在印度的传说中，蛇能保护泉水、井水、江河湖泊等一切水源。蛇神还能带来雨水，适量的雨水就意味着丰收。出于对蛇的尊敬，印度盖起了不少宏大的庙宇，供奉蛇神。

啰唆这么多，并不是想证明这种以大象与蛇为题材的木质烟灰缸一定出自中国或者印度，实际上世界很多国家都生产类似产品，其中包括澳大利亚，我就收藏了几个由塔斯马尼亚橡木雕刻的大象与蛇烟灰缸。塔斯马尼亚橡木是一种纹理清晰，稳定性好、性质温和、密度高、有弹性的硬木，与其他橡木相比，有着质地硬、不易开裂的优良特性，非常容易加工成精美的艺术品，包括烟灰缸。大象与蛇是世界共享

的传统故事与神话传说，它不但引起一代又一代人们的兴趣，也引起各种艺术品的设计和制造者的关注，基于这个原因，在很多地方常可遇见大象与蛇烟灰缸，也就不足为奇了。

还有一个小鸟造型的烟灰缸也很有创意，正在觅食的它栩栩如生、活灵活现，这个很像松塔制成的小家伙，制作者仅用黑白两色一圈一点，便将传神的眼睛描绘成型。而它脚下的烟灰缸，故意留有木材的原始纹路，使其独树一帜，有别于其他木雕艺术品。从某种意义上讲，这种未经打磨、原汁原味的木雕艺术品具有独特的魅力和一定的收藏价值。

提到西班牙，自然会想到斗牛。

西班牙斗牛起源于西班牙古代宗教活动——杀牛供神祭品，由 13 世纪西班牙国王阿方索十世发起的这种祭神活动，后来演变为赛牛表演，据历史记载，曾经统治西班牙的古罗马恺撒大帝就热衷于骑在马上斗牛。而后，斗牛逐步发展成站立在地上与牛搏斗，那是现代斗牛的雏形，在以后几百年的时间里，这一竞技运动一直被认为是勇敢善战的象征，在西班牙的贵族中颇为流行。现如今，西班牙斗牛被视为一种高贵的艺术，一种既定成俗的传统活动，从每年的 3 月 19 日——圣约瑟夫日开始，到 10 月 12 日——西班牙国庆节结束，长达近 7 个月的时期为斗牛季，其中最吸引眼球的民间活动，就是我们熟悉的“奔牛节”。

下页上图是一件西班牙早期手工艺品，我尤为欣赏那帅气的斗牛士和强壮公牛的完美造型，设计者为我们展现的是斗牛场上最精彩、最扣人心弦的瞬间，也是斗牛士与猛牛最近距离的针锋相对。烟灰缸的底部标签（胶条）基本保存完好，可

B&ORR

以明显看到 Made in Spain（西班牙制造）的字样。

而火车头造型的烟灰缸组合，虽然体积较大，但用手轻推，可以向前滑行和原路后退。这套组合包括烟盒、打火机和烟灰缸（金属烟囱），它的整体构思和设计都非常精密、讲究，几乎没有败笔。这个产自日本的手工艺品，大约诞生在 20 世纪 50 年代初期，可以说罕见稀有。

通过图片，我们可以逐一看到竹编的小阁楼，来自宝岛台湾的既像马头琴又似烟袋锅的木雕，澳大利亚塔斯马尼亚的橡木工艺品，手工雕刻的烟盒、火柴托和烟灰缸组合以及荷兰的风车与小鞋烟灰缸。

这只纯粹竹编烟灰缸确实不多见，它是按照常规比例缩

MADE IN TAIWAN

小的竹木小阁楼，常见于我国云南、贵州等少数民族地区以及泰国、缅甸和马来西亚等热带雨林或热带季风气候的国家。不知道摄影师是特意的还是一个小小的失误，照片所展现的只是小阁楼的背面，如是正面则可以清晰地看到小巧的竹梯、竹门以及外围是竹批而烟池是铁皮的烟灰缸。这明显是一个旅游纪念品，没有人也不忍心把它当作烟灰缸使用。作为收藏，它有一定的价值，因为纯手工竹编的烟灰缸产量有限。从保存角度讲，这种竹制品确有一定难度，气候过于干燥，容易产生断裂，有朋友曾经建议我在其表面涂抹一种油，可以保持很久，我想找个时间不妨一试。

橘黄色台灯式木质烟灰缸产自澳大利亚，上面有澳大利亚的袋鼠和土著人的飞去来器（Boomerang）。“飞去来器”又称“回飞棒”或“飞旋镖”，一种掷出后可以利用空气动力学原理飞回来的打猎用具，多用于原始的土著地区，其中澳大利亚土著人的飞去来器最为著名，此外在东非、印度的原住民和美洲的印第安人中也有使用。飞去来器抛出后，绕着弧形轨道飞行，在不使用其他工具的情况下，以最短的时间飞出最长的距离。我曾经看过澳大利亚土著居民的表演，他们能将飞去来器投至 50 米高、100 米远的距离，在落地之前能飞行四至五圈，观赏性极强且令人跃跃欲试。

由于这个台灯式烟灰缸的体积比较大，我一直没有将它包装库存，常年摆在客厅中的某一角落。怪了，无论它“躲”在哪儿，无论白天还是夜晚，它常常引起来访者的关注，并愿意走近它，抚摸、观赏和品头论足。可以说，凡是见到这个烟灰缸的朋友无论是中国人还是外国人，都非常地喜欢它，从他们言谈话语中不难感到他们所欣赏的并不是烟灰缸本身，也不是台灯的实际使用效果，他们更关心的是它所传递的一种信息，所展现的特殊文化。不是吗？透过这个台灯式木质烟灰缸，可以自然而然地和朋友们聊到澳大利亚的历史以及迅速发展的过程，使我在不知不觉中增知识，长见识。就冲这，烟灰缸的收藏之路再单调、再艰难，我也有信心继续走下去，因为我的前方有亲朋引路，后面有好友支持，致使收藏这一个人行为在无形中凝聚了集体的力量。

在竹木烟灰缸群照中混杂着一些其他材料的制品，比如石头、橡胶和塑料，这是当时拍摄时“偷懒”所致，没有细细划分。如果金属、陶瓷和玻璃制品是烟灰缸王国里的三大巨头，竹木制品排在第四也合情合理，不应该觉得“委屈”。

如前所说，竹木烟灰缸比金属、陶瓷

和玻璃烟灰缸的保管和储藏难度相对大一些，它们对空气湿度有一定的要求，如果太干燥，有可能变形或爆裂，好在这种因为客观原因造成的“自然灾害”不会对烟灰缸的收藏价值产生致命的影响，最可怕的是人为的折断或部件的遗失。另外，还有一点建议与竹木烟灰缸有关，希望引起收藏者的重视，那就是很多国家对于竹木制品的引进或随身携带均有相关的规定，尤其对非洲一些国家的木质手工艺品较为敏感，类似需要密封包装甚至提供熏蒸证明等。为此，在购买或携带入境之前，不妨上网查一下不同国家的具体要求，以免带来不必要的麻烦。

菲律宾是个物产富饶、风景秀丽的热带岛国，有着碧波粼粼的内海、白烟缭绕的火山以及五彩缤纷的奇花异卉，而令人印象最深的是随处可见的椰子树，遍布于河畔和海滨。椰子丰满，摇曳多姿，成了菲律宾热带风光的典型写照，菲律宾也因此得到“椰子之国”的美称。椰子树不仅姿容秀丽，而且经济价值很高，浑身都是宝。它的树干坚硬，是一种优质木料；树叶可以盖房、织草帽、编箩筐；椰子水又甜又凉，是很好的清凉饮料，就连椰子壳都可以制作成各种工艺品包括烟灰缸。

坦白地说，我对自己收藏的三个椰子烟灰缸的设计理念和制作工艺实在不敢恭维，尤其是还佩戴了金丝眼镜，更显得画蛇添足，不伦不类，不过它们毕竟是另类收藏中的另类，也能够传递民间手工艺人的乡土气息。

TUBORG

如果粗略统计一下制作烟灰缸较为常用的原始材料，至少应该有二十种，包括金、银、铜、铁、钢、铝、锡、陶器、瓷器、水晶、玻璃、木材、竹子、塑料、塑胶、橡胶、石材、贝壳、皮革、兽骨等，也就是说，除了纸张和布料以外，人类日常生活中接触最多、使用最广的大部分原材料都有可能用来制作烟灰缸。

记得前面说过，判断一个烟灰缸是否有收藏价值，跟其原始材料有一定的关系，但不是决定因素。红蓝宝石、天然水晶和真金白银的烟灰缸，肯定有收藏价值，但所谓的“价值”更多地体现在原始材料本身。至于我，反而愿意琢磨和收藏普通材料制成的有创意或有故事的烟灰缸，包括历史悠久或名人所用的特殊纪念品，这种“普通材料”也包括在本书最后所涉及的几个类别：塑料、橡胶、石材和贝壳。

塑料的分类也比较复杂，日常生活中使用最多的是“通

用塑料”包括五大品种：聚乙烯、聚丙烯、聚氯乙烯、聚苯乙烯和 ABS（三元共聚物）。其次是常用的“工程塑料”如聚酰胺、聚碳酸酯、聚甲醛、聚酯、聚苯醚、聚砜。据历史记载，赛璐珞（Celluloid）又叫硝酸纤维塑料，是世界上最早出现的塑料。

塑料是当今世界不可或缺的工业和民用材料，出现在工作和生活的各个领域和方方面面。用塑料制作烟灰缸，可以降低原材料的成本，适合大批量机械化生产，而且不怕摔碰，寿命相对较长。当然，很多塑料烟灰缸，在长期使用后，会有一些烟头烫伤的痕迹，我相信那是因为早期塑料的防火性能较差或因使用的原材料不当所致，不过这类“烫伤”对于收藏的价值影响不是很大，相反可以衬托出时代和年龄感。对于任何藏品而言，“越老越值钱”才是硬道理。

牛角（或人工仿制牛角）与金属相结合的烟灰缸有较强的观赏价值，比如前页展示的一鱼一鸟，做工考究，动感很强，可谓鱼儿伴浪花起舞，鸟儿随蓝天飞翔。它们是手工合成毫无疑问，制作年代在三四十年前，不算太新也不算太老。而右图由贝壳研磨而成的烟灰缸，虽然个头很小，却属于精品中的珍品，非常罕见，包括它的生产国——英国，生产年代——1920 年左右，制作工艺——精益求精以及所使用的稀有材料——贝壳镶嵌外加镀银底座和烟托。从它的底部标记可以看到，上方是 Made in England（英格兰制造），下方是两个小标记外加 EPNS 四个英文字母。小标记是生产厂家的商标（Logo），而 EPNS 则是 Electro Plated Nickel Silver 的缩写，意为“电镀”——通常所指镍镀银或者铜镀银。早期英国，也包括欧洲很多国家，制造了大量的标有 EPNS 的金属制品，最为常见的是花瓶和首饰盒，烟灰缸属于寥若晨星。EPNS 的最大特点是材料坚硬，不易生锈，随着几十甚至几百年的岁月磨难，最多会泛出一层淡淡的绿色，却老而不旧，古而不衰。

早期英国 Selcol 的系列产品像那个依赖电线杆子才能勉强站稳的醉鬼形象在西方国家曾风靡一时几乎家喻户晓，制作者为了强调醉鬼的醉态，有意识地将电线杆子设计成歪七扭八，以醉鬼的角度观看眼前的世界。在醉鬼烟灰缸的下方，配有一行大写的英文字 OH WHAT A BEAUTIFUL EVENING! 那是醉鬼在自言自语：啊，多么美丽的夜晚！我

MADE IN ENGLAND
EPNS

本人有过喝醉的时候，也抱过电线杆子，我似乎可以体谅那个醉鬼当时的心情，也能理解烟灰缸的设计者在构思时的一番苦心。

世界上信仰佛教的人难以计数，很多国家也因此修建了大大小小的佛堂寺庙，生产了大量的佛像和各类工艺品，图中的坐佛烟灰缸就是其中一类。同样，烟灰缸的底部用英文写着 ASH IN TRAY GOOD FOR CARPET，直接的解释就是“烟灰进盘对地毯好”。我不知道为什么选用这样一句话写在佛像的下面，颇像宣传环保的口号，也许设计者认为佛的意愿大家应该遵从，会乖乖地将烟灰弹进烟灰缸里，以便保护周边的环境卫生。无论怎样解释，这毕竟是一个友善的提示，对于当今社会特别是咱们中国，依然适用。

在佛像之后，则是一个非常难得的金属与纯牛皮合制而成的烟灰缸，产地是意大利。这块牛皮，一定进行了特殊的加工处理，结实坚挺，从不变形。我暂时没有查到这是由意大利哪家公司制作的，但我却非常珍惜它，因为笼统一算，我所收藏的纯皮制品的烟灰缸还不足二十个，而一次千载难逢的机会，使我有幸得到了这个独一无二的牛蹄造型的皮质烟灰缸，真得感谢上帝。

OH, WHAT A
EVENIN !!

ASH IN TRAY
GOOD FOR CARPET

MADE
IN
ITALY

我在北京修改此书的文字时，曾先后问过几位烟瘾较大的朋友，大约多长时间更换一次烟灰缸？得出的结论是“通常不换”，也就是说，旧的不去，新的不来。我大哥李凯使用一个石质烟灰缸有二三十年了，这期间，他有无数次机会换一个大一些的或者讲究一点的，可是他觉得没那必要，毕竟用惯了。这个“惯”字，导致民间有很多具有收藏价值的烟灰缸难以浮出水面，它们甚至被一代代地传下去，永远没有机会走近像我这样的一门心思的收藏者。

记得 2015 年 4 月下旬，我得过一次有生以来最严重的感冒，吃了很多药也不管用，没完没了的咳嗽，让我彻夜难眠。后来，我不得不求助我的私人医生杨立，杨医生非常诚恳地对我说，你必须戒烟，你的肺正逐渐失去一个正常人应有的抵抗力，否则你的病早就好了。在杨医生的规劝下，在小蓓和周围

很多朋友的鼓励下，终于，我在 2015 年 5 月 5 日把抽了近四十年的烟戒了。为此，我打算和某个市政府联系，等我再次冲击烟灰缸收藏吉尼斯世界纪录时，愿与他们联手，通过媒体的各种渠道号召市民戒烟，并在同一天的同一时间，在吉尼斯世界纪录裁判官的面前集体宣布这一决定。我想，如果能有五千人响应这个号召，一定会拿到吉尼斯世界纪录，而且是首创。与此同时，借助各种媒体的推广，引起全球的关注，一个国家一个国家地传递下去，使更多的人主动戒烟。我不认为我是异想天开，反而会为之付出努力，因为这不仅是一个环保或公益事业的倡议，也捎带脚地达到了我的另一个目的——每一位宣布戒烟的烟民带一个烟灰缸到活动现场，我会对他们说：把烟戒了有利健康，至于烟灰缸嘛，我替各位保存。

CERTIFICATE

The largest collection of ashtrays consists of 1,560 unique items and belongs to Yang Li (Australia). The collection was verified in Victoria, Australia, on 10 October 2014

OFFICIALLY AMAZING

GUINNESSWORLDRECORDS.COM

后 记

执着独特的收藏，丰富多彩的故事

舒乙先生说过这样一句话：收藏家都是一些奇特的人。艺术家出身，以收藏家面貌出现在这里的李洋，真算得上奇特。

与国内一些收藏家不同，李洋依其游历欧洲，侨居澳大利亚的经历，扩大了自己的视野，以烟灰缸这一独特的收藏品种为载体，为我们尽情地挖掘、展示了世界各国的历史、风俗和艺术。烟灰缸的历史并不太长，聪明的李洋根据这项收藏的特点并不盲目追求收藏界普遍追求的“老”，在不排除纵深开掘的前提下，主要以横向搜寻五大洲，收藏广泛注重奇特性，品种丰富追求稀少性。

想想收藏享受的是什么？好看的，好玩的，有文化含量和有历史容量的。很有些年头了的藏品加上有点年头的藏品的叠加，就产生了今天李洋收藏的规模与价值。这些加之以后不断地丰富，留给后人的这笔文化财富，我们当然不发愁它们逐渐地变“老”。若干年后，李洋开拓性收藏的价值将更加凸显。

最初谈起这部书稿时，我曾担心弄成一图一说明像集邮册一样，读过书稿以后的感受是：这是一本斑斓画册，一册自传小说，一部文化小百科。李洋在以亲身的经历，鲜活的语言讲述着奇特的故事，并通过故事介绍了各国历史、风俗、文化、艺术和亲身体会总结出的收藏感悟与收藏知识。书中的收藏故事，这里可以举出一串串：《捷克斯洛伐克机场烟灰缸“救命”的故事》、《一元钱价格融化了我的心的故事》《“石头来自死海”的故事》，尤其精彩的是《“1300个烟灰缸”的故事》，作为演员出身的李洋，竟然把自己的本职与收藏结合到这种五光十色又水乳交融的水平。讲故事也好，共享感悟和传授知识也罢，都是信手拈来，开开合合，出入自如。何来流畅生动的文笔？文笔来自自己的亲身收藏经历。

通过一个个奇特故事的描述，一件件精美藏品的展示，我们深切地感受到了李洋的收藏不仅是时间、精力、金钱的叠加，更是来自这位本身就是艺术家的收藏家对艺术倾注的深切情感，按照李洋的话说就是“爱上它们”！这时，简直可以听到李洋清晰的心跳声。

基于上面所说的，就收藏品类的开创性，就数量、质量和收藏观念与经历来讲，李洋收获全球首位烟灰缸收藏吉尼斯世界纪录创造者的荣誉是当之无愧的。

“吉尼斯世界纪录”是一个深深的脚印，这部图文并茂的著述也是一个深深的脚印，我们知道李洋还设想开“烟灰缸收藏展”和更加完善的“烟灰缸博物馆”。有一天，待将李洋的珍贵藏品在大厅内展示开来时，我们会深信这项收藏是一种文化，显示出历史深度和丰富多彩的文化内涵，必将让我们眼花缭乱、目不暇接。那时李洋才会真正发现自己，被自己震惊，为自己感动。

让我们共同期待着：奇特的李洋更深更远更坚实的一行脚印。

中国人民大学画院特聘教授国家
注册拍卖师 赵惠民